# 海外の薬事制度にまなぶ

# 巻頭言

薬剤師と薬局を取り巻く環境は厳しさを増している。とくに、ここ数年は、無資格調剤、偽ハーボニー事件、付け替え請求事件など、薬局の不正が相次いで明るみになり、薬局への信頼そのものが揺らいでいるといっても過言ではない。また、悲しいことには、「医薬分業のメリット」が国民の目からわかりにくいのが問題だという指摘が薬剤師サイドから公言されるに及んでおり、専門職としての誇りも奪われ、職業存立の意義すらも主張できない時代でさえある。

他方で、地域住民の医療ニーズに応えるために自ら積極的に保健増進活動に取り組む薬剤師も増えている。私の知る限りでも、地域住民の信頼を得ながら、多職種連携の要として、医療職にとどまらず行政、法曹、NPO などとも関係性を構築しながら、健康な社会生活を営めるための助言を惜しまない薬局もある。しかし、こうした地道な努力と実践が全国レベルで評価されるようにはならない。これは社会システムの問題なのであろうか？それとも職能集団を構成する薬剤師個々の意識の問題なであろうか？いずれにしても、薬局と薬剤師を取り巻く閉塞感のようなものを取り除く思い切った自律的方策が求められているといえよう。

さて、ここで世界の薬剤師と薬局をめぐる状況を考察してみると、20 世紀末から厳しい時代が続いてきた。医薬分業が定着し、日本よりもはるかに薬剤師の社会的な地位が高いとされる欧州にあっても、1990 年代から始まった規制緩和の波に押し流されている。これまで 500 年以上も守ってきた権益にメスが入れられ、もはや医薬品専売権という権利の上に安座ができない「競争時代」に突入した。規制緩和を後押しするのは、国民からの厳しい批判であった。なぜ医薬品を簡単に手にすることができないのか？という素朴な問いである。これに対して、必要十分な回答を用意できなかった各国の職能団体は、2000 年代初頭までは守勢に追い込まれていた。ただし、それは幸いなことに世界同時に生じた薬局の存在意義への挑戦であった。各国の薬剤師会は、国際学会の場で、薬局と薬剤師の在り方について真剣に討議し、「医薬品」のプロとして地域社会へ還元できるアウトカムはもちろんとして、社会インフラとしての「薬局」の存在意義を具現化することに務めてきた。こうした世界協働で培われた存在意義論に対する挑戦意識は、各国に共有され、各国のくすりの文化に裏打ちされた独自の制度設計へと結実していった。2010年代から世界各国で薬局や薬剤師にかかる独創的な職能開発が芽生え始め、現在では、そのエビデンスとしての薬局と薬剤師の介入による健康アウトカムが明らかになりつつある。世界各国には、薬剤師がその叡智を結集させ苦労して生み出したエビデンスがあふれているのである。

本書では、英独仏の欧州3ヵ国に加えて、オーストラリア、イタリア、フィンランドの6ヵ国の薬局制度について各国を愛してやまない若手の著者に玉稿を賜った。どれも各国への愛情にあふれた原稿であり、そこには各国の薬剤師がここ数年で生み出してきた新しい薬局の姿が描かれている。

また、巻末には、2017年12月まで国際薬剤師・薬学連合（FIP）の事務総長を務めていたLuc Besancon博士の特別寄稿も掲載した。彼の長年のFIPの経験のなかで、世界各国の薬剤師が苦悩し、導き出した将来像について彼なりの視点でまとめてもらった。薬剤師の職能の在り方について興味深い示唆を与えてくれている。

本書に散りばめられた世界の薬剤師の叡智が皆さんの日常業務や将来ビジョンにいくばくかのヒントを与えてくれるなら幸いである。

最後に、本書の出版にあたって、企画段階から出版までの1年にわたり寛容な心をもって著者の怠惰を許してくれた医薬経済社の佐久間宏明氏に心より御礼を申し上げる。また、2017 年から担当を始めた東邦大学薬学部の「文章表現論」の講義にて、私からの課題に素直に答えてくれた学生諸君に御礼を申し上げたい。彼らの提出してくれた課題文には、若い薬学生の薬学への思いが詰め込まれていた。あくまでもポジティブにそして力強く薬学の未来を語る彼らの文章に勇気づけられ、何度もあきらめかけた本書の編集作業に力を得ることができた。彼らの大いなるお力添えに敬意を表して、本書における小生の肩書は勝手ながら東邦大学薬学部非常勤講師としたい。薬学の未来を紡ぐ若き学生たちのためにも、今を生きる我々があきらめることなく前に進むことを祈念して

2018 年 8 月

著者を代表して
小林　大高　(東邦大学薬学部　非常勤講師)

# 目次

第1章

## イギリス

荒川直子

第2章

# ドイツ

岩崎英毅　城戸真由美

第３章

# フランス

石井雅代

第４章

# オーストラリア

堀川壽代

第5章

# イタリア

小林大高　飯島裕也



第6章

# フィンランド

小林大高

第７章
## 世界の薬局・薬剤師の将来展望
Dr Luc Besançon

第１章

# イギリス

荒川直子
(University of Nottingham)

## 医療制度の概要

### 1. イギリスの地域と組織構成

イギリスは、正式名称をグレートブリテンおよび北アイルランド連合王国(United Kingdom of Great Britain and Northern Ireland)といい、イングランド·ウェールズ・スコットランド・北アイルランドの4つの地域に分かれている。北アイルランド以外の３つの地域を合わせてグレートブリテンとよび、グレートブリテンと北アイルランドで制度が異なることも多い。首都ロンドンがあるイングランドは中央議会が、また、他の3つの地域では地方議会が政治を行っている。そのため、イギリス全体の制度、地域別の制度等があり、情報が混同しやすい。主な制度と責任団体を（表１）に示す。

グレートブリテンと北アイルランドの大きな違いは、薬剤師・薬局の規制機関と薬剤師職能団体である。北アイルランドは、薬剤師・薬局規制機関と職能団体

**表１　イギリスの地域と規制関連組織の構成**

| | イングランド | ウェールズ | スコットランド | 北アイルランド |
|---|---|---|---|---|
| 医療政策機関 | 中央議会 | 地方議会 | 地方議会 | 地方議会 |
| 薬剤師･薬局規制機関 | General Pharmaceutical Council (GPhC) | | | Pharmaceutical Society of Northern Ireland |
| 薬剤師職能団体 | Royal Pharmaceutical Society (RPS) | | | |
| 医薬品規制機関 | Medicines and Healthcare products Regulatory Agency (MHRA) | | | |

はひとつの組織（Pharmaceutical Society of Northern Ireland）にまとまっている。一方、グレートブリテンでは、薬剤師・薬局は規制当局（GPhC: General Pharmaceutical Council ）によって規制されており、薬剤師職能団体としては王立薬剤師協会（RPS: Royal Pharmaceutical Society）が、薬剤師専門職を先導している。

2010 年までは、グレートブリテンも北アイルランドと同様、規制機関と職能団体はひとつの組織、Royal Pharmaceutical Society of Great Britain (RPSGB) であった。しかし、規制機関が専門職の質保証を請け負うのに対し、職能団体は専門職発展のために専門職を支援する必要があり、専門職に対する視点が違う。そのため政府勧告を受け、2010 年に RPSGB は、GPhC と RPS という 2 つの団体に分かれた。

## 2. 医療・社会保障制度

イギリスの医療保障制度は、国民保健サービス（NHS: National Health Service）と呼ばれ、「ゆりかごから墓場まで」という呼びかけの下、支払い能力にかかわらずすべての国民がよい医療を利用できるべきであるという理想を掲げ、1948 年に設立された。NHS はすべての国民のニーズを満たすよう包括的で、すべての国民が普遍的に、そして使用時に無料で利用できることを基本原則としている[1)]。NHS は主に租税による一般財源（80.9%、2011 年）と国民保健（17.9%、2011 年）からなっており、それに一部のサービスに対する患者負担（処方せん料や歯科医療等：1.2%、2011 年）から賄われている[2)]。

NHS は、一次医療（Primary care）、二次医療（Secondary care）、三次医療（Tertiary care）と分かれている。一次医療では、かかりつけ医（GP: General Practitioner）、歯科医、薬剤師による医療提供が行われる[3)]。通常、国民は自身の住居エリアにあるかかりつけ診療所へ登録し、緊急の場合を除き、疾病等に対する医療提供はかかりつけ診療所にて行われる。二次医療は、白内障手術等を含む計画治療や、骨折等の緊急治療を含む。そして、三次医療では、神経外科手術や移植手術等を含む高度専門治療が行われる。2017 年 3 月現在、イギリス全土で233の二次・三次医療 NHS 施設[3)]、一次医療として9,374 のかかりつけ診療所[4)]がある。イギリスでは GP かかりつけ診療所での予約までの待ち時間の長さが問題視されている。医療従事者を含めた限りある医療資源を効率的に使用することが求められており、通常時間外サービスや薬局での対応を広げることで医療へのアクセス向上と患者ケアの質向上に取り組んできた[5)]。

社会保障に関しても、主な財源は租税によるものであり、NHS と同様に地域ごとにその住民のニーズに合わせた社会保障サービスを提供している。医療をより地域・住居に近い環境へ、そしてより予防へ注力するようシフトするため、公衆衛生と社会保障に関するサービスと NHS 提供サービスの境界は徐々に薄れてきている。

国民の高齢化、医療ニーズの多様化、医療技術の躍進的な発展と医療結果改善の必要性から、2010 年に NHS の近代化を目指す政府白書[6)]が発表された。この白書を基に、NHS は改善に向け多くの変革を迎え、改善に向けた活動を続けている。NHS イングランドは 2014 年に NHS Five Year Forward View[7)]を発表し、NHS の今後 5 年に対するビジョンを示した。これに基づき、イングランドでは地域ごとに新しい医療モデルの開発、または再構築を目指した計画が進んでおり、地域の保健・社会ニーズを満たし、費用対効果と質の高い医療・社会保障サービス提供へ改善を続けている。

## 薬剤給付と薬価制度の概要

### 1. 医薬品承認と薬価制度

イギリスで使用される医薬品・医療機器・血液製剤は、すべて英国医薬品・健康関連製品監督庁（MHRA：Medicines and Healthcare products Regulatory Agency）により規制されている。 医薬品の登録価格（List price）は、製薬会社が申請時に独自に決定し、MHRA に登録時に認証される[8)]。患者と医療・社会保障システムへの影響が予測され得る医薬品等については、国立臨床評価研究所（NICE：National Institute of Health and Care Excellence）にて評価を受ける[9)]。

イングランドとウェールズの医薬品価格と調剤報酬は、NHS 処方サービス（NHS Prescription Services）によって毎月発行される薬価表（Drug Tariff）によって定められている。この薬価はスコットランドと北アイルランドの薬価にも反映されている[8)]。その中でも処方せん医薬品に関しては Part VIIIA 内にまとめられ、3つのカテゴリー別（A、C、M）に薬価策定方法が違う[10]。

ブランド医薬品（Branded medicines）はカテゴリーCに組み込まれ、医薬品価格規制制度（PPRS：Pharmaceutical Price Regulation Scheme）か、ブランド医薬品価格に関する法定制度（Statutory Scheme: Statutory Scheme for Pricing of Branded Medicines）の2つの薬価策定過程のどちらかを経て策定される[11]。PPRSは、英国製薬産業協会（ABPI：Association of the British Pharmaceutical Industry）が会員製薬会社を代表して保健省（DH: Department of Health）と交渉し締結する薬価制度で、5年ごとに更新する。PPRSではNHSにより購入された医薬品に対する製薬会社の年間利益率上限が決められており、この上限を超えた場合、その差を製薬会社がDHへ支払うことになっている[12]。その一方、Statutory Schemeは、ABPIの会員ではない製薬会社やPPRSへの参加を取りやめた製薬会社のブランド医薬品の薬価規制をDHが直接行う制度である。PPRSの年間利益率が純売上高を基にしているのに対し、Statutory Schemeは純粋に医薬品ごとに薬価増減が可能であるため、PPRSよりもDHへの支払いを抑えやすい。そのため、現在DHではStatutory SchemeをよりPPRSの制度に近づけるための議論が行なわれている[11]。

ジェネリック医薬品は、カテゴリーA、もしくはMへ組み込まれる。カテゴリーAは、Teva UKもしくはAccord Healthcare（2017年4月にActavis UKより社名変更）で製造され、AAH PharmaceuticalsもしくはAlliance Healthcare (Distribution) Ltdの小売業者により販売されているジェネリック医薬品を含む。その薬価は上記4社の加重平均価格から算出され、DHにより毎月変更される。カテゴリーMは、カテゴリーA以外のジェネリック医薬品を含み、スキームMに参加する各製薬会社より提出される3ヵ月間の純売上額を参考に3ヵ月ごとに変更される。カテゴリーMの医薬品はカテゴリーAの医薬品と比べ変更期間が長いため、市場動向とのズレが出ることもある[8]。

現在、PPRSとStatutory Schemeの制度間調整の議論に加え、ブランド医薬品とジェネリック医薬品を含むすべての処方せん薬に関する薬価規制の調整をするための議論も進行している。これは、上記薬価規制の中では、PPRSに加盟する製薬会社が製造もしくは販売するジェネリック医薬品の薬価に対する規制がないためである。これにより、ブランド医薬品を製造しPPRS加盟の製薬会社によるジェネリック医薬品の薬価が急激に増額されることがあり、英国公正取引委員会（UK Competition and Markets Authority）より罰金を科せられた製薬会社もみられた[13)]。

## 2. 患者への薬剤給付

### 薬剤費

処方せんを介した医薬品給付については、イングランドのみで薬剤の一部負担が課せられており、ウェールズ・スコットランド・北アイルランドでは無料である。イングランドでは、1 剤当たり £8.60（弾性ストッキングは £17.20）かかる（2017 年 4 月 1 日現在）。これは薬局で処方せんを介した医薬品給付に関する薬剤費であり、病院や NHS ウォークインセンター、GP 診療所、地域薬局（Community pharmacy）の指示患者グループ（PGDs：Patient Group Directions）制度を利用した医薬品使用、また性感染症、結核、そして一部の精神疾患治療に関する医薬品に関しては、医薬品は無料で提供される[14)]。

イングランドでも、NHS 下で次の条件に該当する者は、薬剤費一部負担が免除されている[14)]。

・60 歳以上の者
・16 歳以下の者
・16～18 歳でフルタイムの学生
・妊娠中、もしくは出産後 12 ヵ月未満
・特定疾患に罹患している者（瘻管の常設、副腎機能低下症、糖尿病を含む下垂体機能低下症、副甲状腺機能低下症、重症筋無力症、粘液水腫、てんかん、継続する身体障害、がん、腎透析）
・治療を必要とする戦争障害
・NHS での入院患者
・所得補助を受けている者

2016 年の間で約11 億の医薬品が地域薬局で処方され、約92 億 £ が医薬品に使用された[15)]。そのうち、89.4% の医薬品は無料で提供されており、61.0% の医薬品は 60 歳以上の患者に提供されている[16)]。

上記薬剤費負担免除に当てはまらない者でも、処方料前払い証書（Prescription prepayment certificate）を購入することによって、薬剤費負担を軽減することができる。これは3ヵ月分（£29.10）、もしくは12ヵ月分（£104.00）の薬剤一部負担金を定額で前払いする制度（2017年度）であり、インターネット上で申請が可能である[14]。

**リピート調剤**

イギリスでは2005年よりリピート調剤（Repeat Dispensing）制度が取り入れられており、すべてのNHS処方せんを受付る地域薬局の基本サービスに組み込まれている[17]。プライマリーケアの全処方せんの内、2/3が繰り返し処方されており、プライマリーケアで使用されるNHS医薬品コストの約80%を占める中、このリピート調剤制度は重要な役割を占める[18]。2015年には、約4億1千万のリピート処方せんが発行された[19]。

リピート調剤制度を利用することによって、多くの利益が望める。これには、GPとその診療所スタッフの時間を他の優先事項への使用、患者や介護者からのよりよいアクセス、地域薬局でも患者のフォローアップや在庫・調剤のスケジュール管理のなどがあげられる。しかしながら、GPによる協力が少なく、その制度使用はなかなか進まなかった[17]。これを打開するため、イングランドでは2015年3月1日より、NHS処方せんを受付る地域薬局では、安定した慢性疾患をもち、定期的な医薬品治療を有する患者に対し、リピート調剤制度について適切な情報を提供し、GPへ制度使用可能患者について通知するようNHS薬局契約フレームワーク（CPCF: Community Pharmacy Contractual Framework）に組み込まれた[17]。

現在リピート調剤に使用される処方せんは、紙、もしくは電子処方せんの2種類がある。導入当初は12枚綴りの紙処方せん（全処方期間に応じて枚数は変更）を使用していたが、2009年に電子リピート調剤（eRD: electronic repeat dispensing）がイングランドで導入された。しかしながら、現在のeRDはリピート調剤全体の13%以下に過ぎない[19]。

リピート調剤は、最大12ヵ月分の処方をGPに連絡することなく、決められた薬局の薬剤師の継続した観察により提供することを可能とする。リピート調剤制度を使用するには、まず患者・GP・薬局による患者情報交換の同意を取ることから開始する。これにより、リピート調剤の期間は決められた薬局で薬剤師による継続した観察が可能となる。紙処方せんの場合は、1 枚目のオリジナル処方せんと共に、リピート処方せんの必要期間分が綴りとなっており、すべてを同意した薬局へ提出される。これをもって薬局にて定期的な観察・調剤・医薬品提供を行う。eRD を使用する際には、GP・薬局が電子処方サービス（EPS : Electronic Prescription Service）システムを導入していることが求められる。GP は EPS システムを用い処方を行い、Spine というメインサーバーへ取り込む。この Spine から指名薬局へ電子処方せんの送付、もしくは薬局が Spine より引き出すことが可能となる[17)]。

このリピート処方せんを扱う薬剤師は毎回処方変更が必要ないかを確認しなければならず、そのための適切なトレーニングを受けることがもとめられている[20)]。薬剤師卒後教育センター（CPPE: Centre for Pharmacy Postgraduate Education）ではリピート調剤に関するトレーニングをオンラインで提供しており、イングランドの NHS 薬剤師は無料で受講できる（他の地域の NHS 薬剤師はその地域の同等教育センターで無料受講が可能）[21)]。

## 3. 医薬品の区別

### POM、P、GSL

イギリスの医薬品は、薬事法（1968）により、その供給に対する規制のレベルに関し、以下の 3 つのカテゴリーに分けられる。

- Prescription Only Medicine (POM)：処方せんに基づき提供される医薬品
- Pharmacy (P)：薬剤師の監督のもと、処方せんなしで薬局にて提供される医薬品
- General Sale List (GSL)：薬剤師の監督なしで、一般小売店で販売可能

GSL のカテゴリーで購入できる医薬品は、薬物乱用を防ぐ目的もあり少量包装の場合が多い。たとえば、GSL として一般小売店で購入できるアセトアミノフェンは500mg 錠剤 16 錠入であるが、P として薬局で購入できるアセトアミノフェンは500mg 錠剤 32 錠入である。しかしながら、GSL では数箱まと

めて購入する患者もおり、薬物乱用に対する問題はまだ残っている。

### スイッチ OTC

医薬品の使用上安全性が確立、または、安全性に疑問が出るなどのエビデンスに基づき、医薬品規制機関である MHRA では医薬品のカテゴリー変更が行われる。スイッチ OTC のリクエストは、製品許可をもつ製薬会社、職能団体から行うか、MHRA が自らエビデンスの確立を受け、カテゴリー変更を行うこともある。

1983 年にイギリスで初めて POM から P へ分類変更された医薬品はロペラミドやイブプロフェンを含む急性かつ短期間の症状に対する使用に限定された医薬品で、その傾向は長らく変わることはなかった。しかし、2004 年に冠動脈性心疾患で中等度の危険性のある患者に対する長期マネジメントのために、シンバスタチンが POM から P へ再分類された[22)]。これは、薬剤師のセルフケアに対する役割が慢性疾患の管理にまで拡大したといえる証左であろう[23)]。

スイッチ OTC と薬剤師の役割は比例して拡大してきた。これに対する GP の見識は、1992 年の調査によると、軽度疾患に対するマネジメントには 66%の GP が賛成しているものの、スクリーニングや慢性疾患のマネジメントに対しては多くの支持は得られなかった[24)]。しかしながら、POM から P へ規制緩和された（もしくはされる可能性のある）医薬品に対する GP の見識の推移をみると、スイッチ OTC を使用した薬剤師の役割への支持が上がってきているのが見受けられる[23)]。イギリスでは GP は登録制であるものの、薬局は自由選択制である。そのため、経過観察ができないこともあり、慢性疾患のマネジメントにはまだ問題が残る[25)]。これに関しては、GP のカルテの要旨を読むことが可能となった今、今後カルテの全容を読み、書き込みできる権利を薬局が得ることによって、継続観察と GP とのより強いコラボレーションが可能となるだろう。

## 4. 薬局制度と薬剤師の役割

### 薬局規制

グレートブリテンの地域薬局の登録・規制は GPhC によって行われる。P 医薬品の販売、もしくは処方せんによる POM の提供をする薬局はすべて GPhC への登録が必要である。薬局は薬剤師、薬剤師とのパートナーシップ、もしくは企業が開設することができる。企業の場合は管理薬剤師を指名しなければならない[26]。病院薬局は病院規制に含まれるため、GPhC による規制には含まれない。しかしながら、病院にありながら P 医薬品を販売するなどの地域薬局サービスを提供する場合は GPhC への登録が必要である[26]。インターネットで医薬品販売をする場合にもこの規制は有効であり、P もしくは POM 医薬品の提供をインターネット上で行う場合も GPhC への登録が必要である。インターネット上の登録薬局は GPhC が掲げる薬局ロゴを付けることが可能である。これは患者や一般人がそのインターネット薬局が規制に適合しているかを確認するために導入された。この GPhC 薬局ロゴをクリックすると GPhC 登録番号を確認可能なウェブサイトへ導く[27]。

2016 年 3 月の段階で GPhC に登録しているグレートブリテンの薬局数は 14,389 であり、大型チェーン薬局（100 以上の支店をもつ）が約 50%を占める（7,085 薬局を 12 の大型チェーン薬局により保持：49.2%）[28]。

### 地域薬局契約フレームワークと委託

地域薬局で提供されるサービスは、地域薬局契約フレームワーク（CPCF: Community Pharmacy Contractual Framework）として NHS イングランドより委託される。CPCF は地域薬局サービスを以下の 3 つに分けている[29]。

・**必須サービス**（Essential Services）：すべての NHS 契約地域薬局にて提供されるサービス。（例：医薬品・医療機器調剤、リピート調剤、公衆衛生（健康的なライフスタイルの促進、不必要医薬品の廃棄、GP・他医療施設紹介、セルフケア支援、薬局サービス質保障システム）

・**高度サービス**（Advanced Services）：そのサービスに対する認定を受けた NHS 契約地域薬局が提供できるサービス。（例：薬剤使用評価（MUR: Medicines Use Review）、新規処方薬剤サービス（NMS: New Medicine Service）、インフルエンザワクチン接種、医療機器使用評価、ストマ・オーダーメイド、NHS 緊急医薬品提供サービス）

・**地域委任サービス**（Locally Commissioned Services）：地域住民のニーズに応えるため、地方自治体（Local Authorities）、臨床委託グループ（CCGs：

Clinical Commissioning Groups)、NHS イングランドにより委託を受けNHS 契約地域薬局が提供するサービス。（例：禁煙サービス、軽度疾患サービス、緊急避妊サービス、指示患者グループ（PGDs）、抗凝血薬モニタリングサービス）

必須サービスは、NHS 契約地域薬局が必ず提供しなければならないサービスである。医薬品調剤は日本の薬局と同様に基本業務であるものの、イギリスではほとんどの医薬品が箱出し調剤で行われ、箱包装のまま患者指示ラベルを貼付して交付している。患者用の薬剤説明書（PIL: Patient Information Leaflet）の交付が義務付けられており、イギリスの箱包装には PIL が事前に封入されている。箱出しをしない場合でも PIL を提供出来るよう、各製薬会社の PIL が無料ダウンロード出来るウェブサイトが作られている。

患者対面型サービスとは異なるものの、必須サービスの特徴的な業務として、薬局サービス質保障システム（Clinical Governance）が挙げられる。Clinical Governance は薬局における臨床サービスの継続した質向上と高水準ケアの保持を目指す継続した基本システムである。これは 2005 年に NHS 契約地域薬局の必須業務となり、2011 年にアップデートされ現在の形となった。Clinical Governance には、患者·住民参加型プログラム、臨床監査、危機管理、臨床効果、スタッフ管理、情報管理、薬局施設基準の 7 つのプログラムがあり、継続した調査が必要とされる[30)]。

高度サービスは、必須サービスと違い、より患者個人のニーズに合わせたサービスを提供する。サービスを提供するには薬局・薬剤師ともに認定を受けなければならず、それに合わせたトレーニングも国レベルで提供されている。高度サービスの中でも多くの薬局で提供しているのが MUR である。これは日本で一般的に行われる服薬指導とは異なり、認定を受けた薬剤師だけが行うことができる、慢性疾患により医薬品を多数服用する患者のための、体系立てられた処方介入サービスである。MUR のためには個別の面談室が必須であり、薬剤師と患者が座って話せ、通常の大きさの話し声でも他者に聞かれることなく、さらに個別面談室と明示された面談室が必要である。2011 年より MUR には 3 つのターゲット・グループを導入し、2015 年には 4 つ目のターゲット・グループを以下の通り追加した。また、一年間で行う MUR の内、70%以上がターゲット・グループの患者でなければならず、以下の通りそのターゲット・グループを示す。

1. 高リスク医薬品（NSAIDs、抗凝血薬、抗血小板薬、利尿薬）
2. 退院後の患者（入院中に服用薬の変更があった患者）
3. 呼吸器疾患の患者（喘息、COPD）
4. 心血管疾患罹患もしくはリスクがある患者

地域委任サービスは、その地域ごとに住民のニーズを評価した上で、サービス内容に合わせた委託元からサービス提供依頼を受けるか、薬局から提案する。薬剤師による高度な知識・技能・能力・経験が必要であり、特定のサービス提供をするに当たってトレーニングを受け、それを委託元へ証明する必要がある。

多くの地域委任サービスの元となっているのが、指示患者グループ（PGDs: Patient group directions）である。PGDs では、認定·任命を受けた医療従事者が、事前に特定された患者グループへ、予防治療もしくはある特定の症状に対する治療のための医薬品を処方せん無し、また無料で投与することができる[31]。PGDs は地域ごとに異なる。その地域で必要な治療群を特定し、GP により合意を受けた治療指針に基づき、薬局で認定・任命を受けた薬剤師より必要時に無料で医薬品を投与することが可能であり、必要な医薬品へより安全で迅速なアクセスを提供する[32]。この PGDs が他の地域委任サービスに適用された例としては、緊急避妊サービスが挙げられる。これにより地域で GP と薬剤師の親密なコラボレーションのもと、体系化されたアプローチを用いて、中立的で使用者の視点に立った、機密サービスの無料提供を可能としている[33]。

### 処方権

イギリスでは、医師以外の医療従事者にも、一定のトレーニングを経ると処方権が認められる。処方権には 補助的処方者（Supplementary Prescribers）と独立処方者（Independent Prescribers）の 2 段階が設けられている。

独立処方者は事前診断の有無にかかわらず、患者の評価と、処方を含む臨床管理に関する決定に対する説明義務と責任をもつ。補助的処方者は医師もしくは歯科医師と協働で処方をする医療従事者のことをいい、患者の同意に基づく個々の患者に対する臨床管理計画書の導入に際する処方を行う[34]。

薬剤師はGPhCで承認を受けた大学のコースを受け、GPhCへ登録後、独立処方者になることができる。薬剤師と看護師の独立処方者は、中毒治療目的のジアセチルモルヒネ、ジピパノン、コカインを除いて、麻薬を含むすべての医薬品を処方することができる。しかしながら、自らの知識・技能・能力・経験内での処方が義務付けられているため[35]、薬剤師独立処方者による処方せんは、就職するポジションによって領域が決められていることが多く、自身の専門領域内のみでの処方に限られる場合が多い。

一次・二次医療における慢性・急性期治療において、医師以外の医療従事者による処方と、医師による処方には、患者への効果は変わりないことも証明されている[36]。また、適正医療従事者への処方権の拡大は、GPの処方せん関連業務を軽減し、より優先順位の高い診療へ時間を使うことができるようになることを期待されており、イギリス全土で進められている。スコットランド政府は、患者がよりよいファーマシューティカルケアを受けるためには、すべての薬剤師が独立処方者になることが必要であるとし、2020年までに目標が達成されるよう活動している[37]。

### 病院

現在の病院薬剤師は、医師や看護師などとのチーム医療の中で、より専門的な領域で医薬品の専門家としての業務を担っている。イギリスでは、1960年代より薬剤師の病棟業務が取り入れられ[38]、1970年のAnnis Gillie医師らによるレポートで、病棟での投薬時誤りを是正するために病棟薬剤師の導入が推奨されてからイギリス全体に浸透してきた[39]。徐々に医薬品治療の過程へ薬剤師が関与するようになり、臨床薬剤師として医薬品治療に関するコンサルタント業務が増加した。これにより、薬剤師はより専門領域に特化した臨床業務につくようになった[39]。

病院薬剤師の特徴的な役割に、フォーミュラリーの作成関与がある。これは病棟薬剤師が導入された同時期に導入された[40]。病院におけるフォーミュラリーの導入はロンドンにあるウェストミンスター病院が始めとされており[41]、医薬品治療の向上と医薬品コストの減少に役立つことが証明されている[40]。現在では病院単位、もしくは地域単位でフォーミュラリーは作成されており、病院薬剤師はその作成の過程において、医薬品の専門家として重要な役割を担っている。

病院薬剤師の医療への寄与は広く知られるところであるが、イギリスの病院薬剤師による週末の臨床業務は病院ごとに差がある。週末の医薬品治療の質向上のため、現在一週間を通した病院薬剤師による臨床業務が議論されている[42)]。

王立薬剤師協会（RPS: Royal Pharmaceutical Society）は安全で質の高い患者中心の医療構築支援のため、2012 年に病院薬剤師業務基準（Professional standards for hospital pharmacy services）を発表した。この基準は、病院薬剤師業務の発展と病院での医療システムや他施設とイングランドはスタフォード病院の高死亡率の事件を受け、2014 年に見直され、現在第 2 版が出版されており[43)]、2017 年現在第 3 版を作成中である。

## 5. 薬剤師養成教育

グレートブリテンの薬剤師登録前教育は、大学における修士課程教育 4 年（MPharm: Master of Pharmacy）、1 年間の登録前実務トレーニング（Pre-registration training）、そして薬剤師規制機関である General Pharmaceutical Council (GPhC) の国家試験を受け、合格すると薬剤師として登録、働くことができる。北アイルランドもほぼ同等であるが、規制機関が違うため以下の情報はグレートブリテンのものである。

### 学部教育―修士課程（MPharm）

グレートブリテンの大学の学士課程は通常 3 年であるが、薬学教育は修士課程（MPharm）で 4 年である。現在登録前トレーニングを含めた 5 年修士課程を提供している大学もあるが、まだ全国的に普及はしていない。2017年9月現在、グレートブリテンでは 31 校の大学が MPharm の課程を提供しており、その内 3 校が 5 年制の MPharm を提供している[44)]。

MPharm は General Pharmaceutical Council (GPhC) によって質保証認定を受ける必要があり、6 年ごとに更新を受ける。新規薬学部の場合は、学部開始前から認定プロセスが開始され、最初の学生が卒業するまで 7 年間毎年認定を受ける。

GPhC の認定基準には、MPharm による 58 項目の学習アウトカムが設定されている[45]。各アウトカムの到達度にはミラーのピラミッド[46]を使用した Know、Know How、Show How、Does の 4 段階で設定されており、すべてのアウトカムが Know How 以上であることが求められる。このことから、MPharm では知識を得るだけでなく、その知識をどのように実務で使用するかを習得しなければならない。また、日本のようなコア・カリキュラムはなく、GPhC で設定したアウトカムを得られるように大学が独自にカリキュラム構築をできるよう独自性を保っている。

MPharm のカリキュラムは、スパイラル・カリキュラム（Spiral curriculum）[47]の概念を組み込むよう設定しなければならず、重要な知識や概念、また基本的な技能は毎年繰り返し学習する機会をカリキュラム内で提供している。カリキュラムの科目の統合は毎年の繰り返しだけでなく、1 年の中でも設定されている。そのため、多くの単位科目は臓器・疾患別で設定され、その中で関連する学問を統合して学習できるよう設定している。

薬学的問題解決能力の評価のため、MPharm では 1 年次から客観的臨床能力試験（OSCEs: Objective Structured Clinical Examinations）を積極的に導入しており、学生は 1 年生の頃から、薬剤師としての態度やカウンセリング能力を学習している。

### 登録前実務トレーニング（Pre-registration training）

薬剤師になるためには、4 年制の MPharm 卒業後、1 年間の登録前実務トレーニング（Pre-registration training）を終了しなければならない。5 年制の MPharm 課程の場合は、この登録前実務トレーニングはプログラムの中に組み込まれている。

登録前トレーニングは有給であり、学生は MPharm に在籍中に就職活動を行い、トレーニング先を確保する。トレーニングは病院と地域薬局でのトレーニングを組み合わせるか、最低 26週間の患者対面領域（病院または薬局）とそれ以外の領域（製薬会社や行政など）での 26 週間トレーニングの組み合わせが選べる[48]。

トレーニングには、GPhC に認定を受けた指導薬剤師（Tutor）が必ずつかなければならず、トレーニングの期間で最低 4 回の承認が求められる。指導薬剤師はその領域（病院、薬局など）で薬剤師として最低 3 年間の実務経験がなければならない[48]。

### 国家試験

MPharm 課程と登録前実務トレーニング 39 週目でのチェックを修了すると、GPhCの国家試験(Registration assessment)の受験資格を得ることができる。国家試験は 6 月と 9 月の年 2 回開催されており、受験者は最高 3 回まで受験することができる。結果は受験者へフィードバックされ、苦手分野などが特定できる機会を提供している[48]。

国家試験は 2 つに分かれており、午前と午後で異なる試験を受験する。午前中は処方計算の試験で、2 時間与えられる。計算機が持ち込み可能で、全部で 40 問回答する。午後は医薬品治療を含む専門職として必要な知識・態度に対する選択肢問題の試験で、2 時間半与えられる。全部で 120 問あり、資料として必要とされる British National Formulary (BNF) などは試験場で用意される[48]。

国家試験合格後薬剤師として登録するには、初回申請料（£106）と年間登録料（£250）がかかる[49]。

## 6. 生涯学習制度

5 の薬剤師養成教育同様、この章でも規制の違いからグレートブリテンに焦点を当てて情報をまとめる。

### 生涯学習に関する規制

グレートブリテンの薬剤師免許は更新制であり、更新のために生涯学習が義務付けられている。グレートブリテンの免許更新制度は、1995 年に起きた医療問題からの学びの結果である。この事件は、医療従事者の能力や適性の問題により、未然に防ぐことができたはずの医療事故の発生によるものである[50]。この事件から、医療の質改善のために医療従事者全体への規制変更がなされ、1999 年保健法改正をもって資格更新制の導入となった[51]。

日本では、ポイント制の生涯教育や系統立てられて構築された生涯教育プログラムを提供する継続教育（CE: Continuing Education）が行なわれている。しかし、このCEは薬剤師の行動や態度への変化が限られていることが証明されている[52)]。これを受け、グレートブリテンではより自主的な学習を支援する継続的専門能力開発（CPD: Continuing Professional Development）へ移行してきた[23)]。CPDは、自己査定、計画、実行、評価の4段階を循環し、すべての段階でポートフォリオ（Portfolio）に記録し、次の学習サイクルのための再査定することを含む[53)]。グレートブリテンは、その質的な学習評価を国際的に先導してきた[23)]。

グレートブリテンで薬剤師の資格を維持するためには、規制機関であるGPhCへCPDポートフォリオを1年で最低9つ提出しなければならない[54)]。この記録はオンラインで入力できるようになっており、その内容は5年に一度GPhCにより評価される。薬剤師による実務が安全で効果的であることが認証できない場合は救済措置が与えられ、改善がみられない場合は資格執行もあり得る。

GPhCのこのCPDは現在変革の時期を迎えており、2018年から継続した実務への適性（CFtP: Continuing fitness to practice）へ移行する予定である[55)]。CFtPでは、今までのCPDに加え、同僚による実務評価、そして薬剤師実務に関するケース・スタディーの提出が求められるようになる。

## CPD支援プログラム

グレートブリテンの薬剤師職能団体である王立薬剤師協会（RPS: Royal Pharmaceutical Society）は、すべての領域の薬剤師登録第1日目から上級レベル薬剤師まで、すべてのキャリアでのCPDを包括的に支援するCPD支援プログラムを提供している。RPSのCPD支援システムは基礎レベル（Foundation）と上級レベル(Faculty)に分かれており、それぞれ基盤となるコンピテンシー・フレームワーク（CF: Competency framework）がある。CFとは、その薬剤師が各レベルで必須とされるコンピテンシー（知識・技能・態度・経験の組み合わせ）をまとめ、ルービック評価にて個々の薬剤師の現状を評価し、その薬剤師特有の学習ニーズを特定することの出来るフレームワークである[52)]。イギリスはこのCFを薬剤師の職能開発に適用したパイオニアであり[23)]、このCFに基づいたコンピテンシー型教育・学習は世界中で医療従事者教育の要になっている[56)]。

RPS の CPD 支援プログラムは、個々の薬剤師の CPD を客観的に評価することで、職能認証モデルとしての役割を果たしている。これにより、他職種医療従事者、雇用主、患者や住民へその薬剤師のレベルを示す役割を果たしている。この評価には、CF を利用した薬剤師の実務レベルの自己評価とケース・スタディー、CPD ポートフォリオ、同僚からの客観的評価が含まれ、GPhC の CPD 更新制度への振り替えが可能となっている [23]。

**CPD 教育プログラム**

グレートブリテンの CPD プログラムはさまざまな教育プロバイダーにより提供されている。NHS 環境下で働いている薬剤師（NHS 契約薬局を含む）は、イングランド・スコットランド・ウェールズの地域ごとにある生涯教育センターにて無料で CPD プログラムが受けられる。CPD プログラムのほとんどは e-ラーニングで行なわれている。

NHS 病院とその地元にある薬学部が協働で提供する病院薬剤師の卒後教育プログラム（Joint Programmes Board [57]）は、実務現場での CF 型生涯教育としてグレートブリテンの薬剤師基礎レベル教育の基盤となった [58]。このプログラムは大学での授業に加え、働いている病院での現場での学びを、指導薬剤師（Tutor）が CF を使用することで病院ごとに違う経験を学習として標準化し、さらに成人学習（Adult learning）理論に沿った学習を提供することで意義ある CPD を可能にした。

グレートブリテンの CPD プログラムは、RPS によって質保証認定を受けており、薬剤師に必須コンピテンシーを得るため、もしくは維持するために必要なプログラムを明確に示している。

## 7. まとめ

イギリスの医療は、主に一般租税から成り立っており、患者の支払能力に関わらず包括的な医療が提供されるよう国民保健サービスを提供している。一般租税から成り立っている関係上、医療費使用の制限が強く、費用対効果を意識した医療資源の使用が行なわれている。さらに、地域ごとの地方議会にて医療政策が決められることから、その地域の住民のニーズに合った医療が提供できるよう柔軟性をもたせていることも特徴に挙げられる。しかしながら、医療従事者を含めた限りある医療資源の効率化がさらに必要であり、そのために、医療の質を向上するかたわらで薬剤師の役割や医薬品へのアクセスの向上に取り組んでいる。

イギリスでは基本的に成分名処方が浸透しており、ジェネリック医薬品の使用が浸透している。また、先発医薬品企業の医薬品開発を後押しするためにも医薬品価格の設定には、先発医薬品とジェネリック医薬品の価格設定規制を別にするなど検討・考慮がされている。しかしながら問題は常時挙げられており、公衆の意見を取り上げながら継続した評価・見直しが行なわれている。また、調剤に関しては箱出し調剤にすることで調剤過程が簡素化され、薬剤師がより患者対面業務に時間を使用できるようになっている。リピート調剤制度によって、その調剤・処方の両方の過程が簡素化され、さらに患者へのカウンセリング機会の向上、医薬品治療の評価回数が増加された。日本でも費用対効果を検討しつつ、いかに薬剤師が患者への時間を作るかを検討し続ける必要があると思われる。

その薬剤師が提供するサービスは多岐に渡っている。このサービスの拡大の背景には、サービス評価や研究によりサービスの効果を客観的に評価していることが挙げられる。一般租税から成り立つ医療であり、その限られた資源を使用する上でサービス提供に関する説明義務は必須であり、日本でも継続したサービス評価を行なえるよう体制を整える必要があるであろう。

その役割の拡大には、徹底した薬剤師の職能向上が必須である。イギリスでは過去の事件から学び、薬剤師を含む全医療従事者の免許更新制を導入している。また、薬剤師のキャリア経路を明確にし、学習ニーズが自己特定できるよう、基盤となるコンピテンシー・フレームワークの使用を世界に先駆けて使用してきた経験がある。医療の質を保ち、継続して向上していくためには、医療従事者による必須コンピテンシー（知識・技能・態度・経験の組み合わせ）の維持・向上が必要不可欠である。日本の薬剤師に関する規制や教育・トレーニングも国外の経験から学び、日本のニーズに見合う方向性を見出す必要があると思われる。

## 参考文献


1) NHS Choices. About the NHS. London: UK Government; (2015). Available from: http://www.nhs.uk/NHSEngland/thenhs/about/Pages/nhscoreprinciples.aspx. (Cited on 11 Oct 2017).
2) Hawe E., Cockcroft L. OHE Guide to UK Health and Health Care Statistics - Second Edition. London: Office of Health Eonomics; (2013). Available from: https://www.ohe.org/publications/ohe-guide-uk-health-and-health-care-statistics. (Cited on 11 Oct 2017).
3) NHS Providers. The NHS provider sector. London: NHS Providers; (2017). Available from: https://nhsproviders.org/topics/delivery-and-performance/the-nhs-provider-sector. (Cited on 11 Oct 2017).
4) 4.British Medical Association. General practice in the UK - background briefing. London: British Medical Association; (2017). Available from: https://www.bma.org.uk/-/media/files/pdfs/news views analysis/press briefings/general-practice.pdf?la=en. (Cited on 11 Oct 2017).
5) Smith J., Picton C., Dayan M. Now or Never: Shaping Pharmacy for the Future. London: RPS, Royal Pharmaceutical Society; (2013). Available from: http://www.rpharms.com/promoting-pharmacy-pdfs/moc-report-full.pdf. (Cited on 6 Jan 2014).
6) Department of Health. Equity and excellence: Liberating the NHS. London: Department of Health; (2010).
7) National Health Service England. Five Year Forward View. London: NHS England; (2014).
8) Teva UK Limited. Teva's Essential Tips on the Tariff. Castleford: Teva UK Limited; (2012). Available from: http://tevascheme.tevauk.com/files/514b2ba0-d464-4bcf-8e6a-2c370d2e6b70_Essential tips on the tariff.pdf. (Cited on 17 Oct 2017).
9) National Institute for Health and Care Excellence. Medical technologies evaluation programme process guide: Process and methods [PMG34]. London: NICE; (2017). Available from: https://www.nice.org.uk/guidance/pmg34/resources/medical-technologies-evaluation-programme-process-guide-pdf-72286775885509. (Cited on 17 Oct 2017).
10) Pharmaceutical Services Negotiating Committee. Dispensing factsheet: Pricing, payment and Part VIIIA of the Drug Tariff. London: PSNC; (2017). Available from: http://psnc.org.uk/wp-content/uploads/2013/04/Dispensing-factsheet-Pricing-payment-and-Part-VIIIA-of-the-Drug-Tariff.pdf. (Cited on 17 Oct 2017).
11) Barham L. The UK's 'New' Statutory Scheme for Pricing of Branded Medicines. London: PharmExec.com; (2017). Available from: http://www.pharmexec.com/uks-new-statutory-scheme-pricing-branded-medicines. (Cited on 17 Oct 2017).
12) Department of Health, Association of the British Pharmaceutical Industry. The Pharmaceutical Price Regulation Scheme 2014. London: Department of Health, Association of the British Pharmaceutical Industry; (2013). Available from: https://www.gov.uk/government/uploads/system/uploads/attachment_data/file/621983/2014_PPRS_Scheme.pdf. (Cited on 11 Oct 2017).
13) 13.Hannah L., Phillips J. Is the current UK system of Pharmaceutical Price Regulation working? London: Hausfeld; (2017). Available from: https://www.hausfeld.com/news/eu/is-the-current-uk-system-of-pharmaceutical-price-regulation-working. (Cited on 18 Oct 2017).
14) NHS Choices. NHS in England: help with health costs. London: NHS England; (2017). Available from: https://www.nhs.uk/NHSEngland/Healthcosts/Pages/Prescriptioncosts.aspx. (Cited on 18 Oct 2017).
15) NHS Digital. Prescription Cost Analysis, England - 2016. London: NHS England; (2017). Available from: https://digital.nhs.uk/catalogue/PUB23631. (Cited on 18 Oct 2017).
16) NHS Digital. Prescriptions Dispensed in the Community: England 2006 to 2016. London: NHS England; (2017). Available from: https://digital.nhs.uk/catalogue/PUB30014. (Cited on 18 Oct 2017).
17) Pharmaceutical Services Negotiating Committee. Repeat Dispensing/electronic Repeat Dispensing (eRD). London: PSNC; (2017). Available from: http://psnc.org.uk/services-commissioning/essential-services/repeat-dispensing/. (Cited on 19 Oct 2017).
18) NHS Digital. Electronic repeat dispensing for prescribers. London: NHS Digital; (2017). Available from: https://digital.nhs.uk/Electronic-Prescription-Service/Electronic-repeat-dispensing-for-prescribers. (Cited on 18 Oct 2017).

19) Lewis G. Who's afraid of electronic repeat dispensing? London: Chemist and Druggist; (2017). Available from: https://www.chemistanddruggist.co.uk/feature/how-we-improved-efficiency-electronic-repeat-dispensing. (Cited on 19 Oct 2017).
20) Department of Health. NHS repeat dispensing schemes in England. London: Department of Health; (2007). Available from: http://webarchive.nationalarchives.gov.uk/+/http://www.dh.gov.uk/en/Healthcare/Medicinespharmacyandindustry/Prescriptions/DH_4000157. (Cited on 17 Oct 2017).
21) Centre for Pharmacy Postgraduate Education. E-learning: Repeat dispensing. Manchester: CPPE; (2017). Available from: https://www.cppe.ac.uk/programmes/l/repeat-e-01/. (Cited on 19 Oct 2017).
22) Ahmed S., Rutter P. M. UK Community Pharmacists Experiences on Over-the-counter Tamsulosin. SelfCare. 2(6):152-9. (2011).
23) Arakawa N., Nomura K., Duggan C., Bates I. A report from the Japanese Society of Drug Informatics Forum: The role of pharmacists providing self-care. Pharmacy Education. 15(1):182-8. (2015).
24) Spencer J. A., Edwards C. Pharmacy beyond the dispensary: general practitioners' views. British Medical Journal. 304:1670-2. (1992).
25) Stewart D., Cunningham I. T. S., Hansford D., John D., McCaig D., McLay J. General Practitioners' Views and Experiences of Over-the-counter Simvastatin in Scotland. British Journal of Clinical Pharmacology. 70(3):356-9. (2010).
26) General Pharmaceutical Council. Registration of pharmacy premises. London: GPhC; (2017). Available from: https://www.pharmacyregulation.org/registration/registration-pharmacy-premises. (Cited on 19 Oct 2017).
27) General Pharmaceutical Council. Internet pharmacy. London: GPhC; (2017). Available from: https://www.pharmacyregulation.org/registration/internet-pharmacy. (Cited on 19 Oct 2017).
28) Sukkar E. Community pharmacy in Great Britain 2016: a fragmented market. Pharmaceutical Journal. 296 (7889):Online. (2016).
29) Pharmaceutical Services Negotiating Committee. Community Pharmacy Contractual Framework. London: PSNC; (2017). Available from: http://psnc.org.uk/contract-it/the-pharmacy-contract/. (Cited on 20 Oct 2017).
30) NHS Employers, Pharmaceutical Services Negotiating Committee. Clinical governance requirements for community pharmacy. London: NHS Employers; (2012). Available from: http://psnc.org.uk/wp-content/uploads/2013/07/Clinical_Governance_guidance_updated_final.pdf. (Cited on 20 Oct 2017).
31) Pharmaceutical Services Negotiating Committee. Patient Group Directions. London: PSNC; (2017). Available from: http://psnc.org.uk/services-commissioning/locally-commissioned-services/en13-patient-group-directions/. (Cited on 20 Oct 2017).
32) National Institute for Health and Care Excellence. Patient Group Directions. Manchester: NICE; (2013). Available from: https://www.nice.org.uk/guidance/mpg2/resources/patient-group-directions-pdf-1779401941189. (Cited on 20 Oct 2017).
33) Pharmaceutical Services Negotiating Committee. NHS Community Pharmacy Contractual Framework Enhanced Service - Emergency Hormonal Contraception Service. London: PSNC; (2006). Available from: http://psnc.org.uk/wp-content/uploads/2013/07/en11_emergency_hormonal_contraception_service__version_1__final_1.pdf. (Cited on 20 Oct 2017).
34) National Institute for Health and Care Excellence. Non-Medical Prescribing. Manchester: NICE; (2017). Available from: https://bnf.nice.org.uk/guidance/non-medical-prescribing.html. (Cited on 20 Oct 2017).
35) NHS Business Sservices Authority. Drug Tariff. London: NHSBSA; (2017). Available from: https://www.nhsbsa.nhs.uk/sites/default/files/2017-09/October 2017.pdf. (Cited on 20 Oct 2017).
36) Weeks G., George J., Maclure K., Stewart D. Non-medical prescribing versus medical prescribing for acute and chronic disease management in primary and secondary care. Cochrane Database of Systematic Reviews. 11:Art.No.: CD011227. (2016).
37) Scottish Government. Prescription for Excellence: A vision and action plan for the right pharmaceutical care through integrated partnerships and innovation. Edinburgh: Scottish Government; (2013). Available from: http://www.gov.scot/resource/0043/00434053.pdf. (Cited on 20 Oct 2017).
38) Calder G., Barnett J. W. The pharmacist in the ward. Pharmaceutical Journal. 198:584-6. (1967).

39) World Health Organization. The role of the pharmacist in the health-care system - Preparing the future pharmacist: Curricular development, report of a third WHO consultative group on the role of the pharmacist, Vancouver, Canada, 27-29 August 1997. Geneva: World Health Organization; (1997). Available from: http://apps.who.int/medicinedocs/pdf/s2214e/s2214e.pdf. (Cited on 20 Oct 2017).
40) Calvert R. T. Clinical pharmacy - a hospital perspective. British Journal of Clinical Pharmacology. 47:231-8. (1999).
41) Baker J. Seventeen years experience of a voluntary based drug rationalisation programme in hospital. British Medical Journal. 297:465-9. (1988).
42) NHS England. Transformation of seven day clinical pharmacy services in acute hospitals. London: NHS England; (2016). Available from: https://www.england.nhs.uk/wp-content/uploads/2016/09/7ds-clinical-pharmacy-acute-hosp.pdf. (Cited on 22 Oct 2017).
43) Royal Pharmaceutical Society. Professional standards for hospital pharmacy services: Optimising patient outcomes from medicines. London: RPS; (2014).
44) General Pharmaceutical Council. Accredited MPharm degrees. London: GPhC; (2017). Available from: https://www.pharmacyregulation.org/education/pharmacist/accredited-mpharm-degrees. (Cited on 22 Oct 2017).
45) General Pharmaceutical Council. Future pharmacists: Standards for the initial education and training of pharmacists. London: GPhC; (2011). Available from: http://www.pharmacyregulation.org/sites/default/files/GPhC_Future_Pharmacists.pdf. (Cited on 17 Oct 2017).
46) Miller G. E. The assessment of clinical skills/competence/performance. Academic Medicine. 65(9):S63-7. (1990).
47) Harden R. M., Stamper N. What is a spiral curriculum? Medical Teacher. 21(2):141-3. (1999).
48) General Pharmaceutical Council. Pharmacist pre-registration manual - Version number 5.5. London: GPhC; (2017). Available from: https://www.pharmacyregulation.org/sites/default/files/prm_pdf/pharmacist_pre-registration_manual_version_5.5_july_2017.pdf. (Cited on 22 Oct 2017).
49) General Pharmaceutical Council. Registering as a pharmacist: Fees. London: GPhC; (2017). Available from: https://www.pharmacyregulation.org/sites/default/files/prm_pdf/pharmacist_pre-registration_manual_version_5.5_july_2017.pdf. (Cited on 23 Oct 2017).
50) Teasdale G. M. Learning from Bristol: report of the public inquiry into children's heart surgery at Bristol Royal Infirmary 1984-1995. British Journal of Neurosurgery. 16(3):211-6. (2002).
51) Harman R. J. What might be the implications of mandatory CPD for fitness to remain on the Register? Pharmaceutical Journal. 268:844-6. (2002).
52) 荒川直子 . 英国における薬剤師の生涯教育 . 薬局薬学 . 8(2):129-33. (2016).
53) 53.Rouse M. J. Continuing Professional Development in Pharmacy. American Journal of Health-System Pharmacy. 61:2069-76. (2004).
54) General Pharmaceutical Council. Continuing professional development. London: GPhC; (2016). Available from: https://www.pharmacyregulation.org/education/continuing-professional-development. (Cited on 11 Jul 2016).
55) General Pharmaceutical Council. Annual reprot: Annual fitness to practise report - annual accounts 2015/16. London: GPhC; (2016). Available from: https://www.pharmacyregulation.org/sites/default/files/pdf/gphc_annual_report_2015-16.pdf. (Cited on 23 Oct 2017).
56) World Health Organization. Transforming and scaling up health professionals' education and training. Geneva: World Health Organization; (2013). Available from: http://www.who.int/hrh/resources/transf_scaling_hpet/en/. (Cited on 20 March 2016).
57) Joint Programmes Board. Welcome to the Joint Programmes Board (JPB). London: JPB; (2017). Available from: http://jpbsoutheast.builtbyfox.es/index.html. (Cited on 23 Oct 2017).
58) Department of Health. Pharmacy in England: Building on strengths - delivering the future. London: DH; (2008). Available from: http://www.official-documents.gov.uk/document/cm73/7341/7341.pdf. (Cited on 8 Jan 2014).

第２章

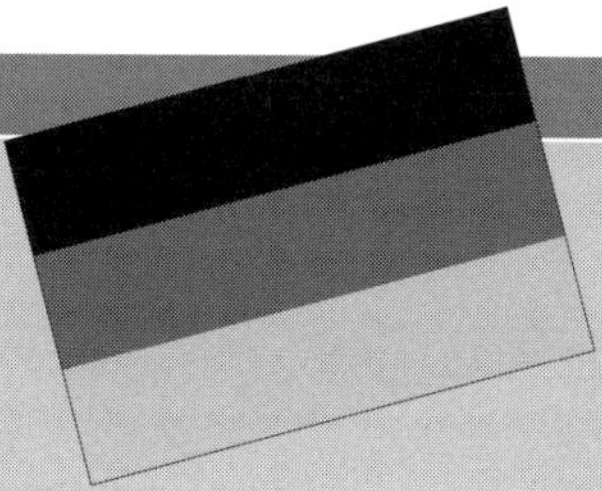

# ドイツ

岩崎英毅
阪神調剤ホールディングス株式会社
城戸真由美
株式会社ビー・アンド・ディー調剤薬局

## 医療制度の概要

### 1. 社会保障施策

16の連邦州からなるドイツ連邦共和国は、ヨーロッパのほぼ中央に位置し、北にデンマーク、東にポーランドとチェコ、南にオーストリアとスイス、南西にフランスとルクセンブルク、そして北西にベルギーとオランダと、９カ国と国境を接し、欧州の輸送機関の中枢となっている。また、世界一の工業輸出国で、GDPは、アメリカ、中国、日本に次いで世界第４位の経済大国である。

ドイツは世界で初めて公的年金、公的医療保険制度を導入した国である。ドイツの高齢化率（65歳以上の人口割合）は日本に遅れること数年、2030年代に

**表２ ドイツ連邦共和国の概要**（2015年12月末）

| | |
|---|---|
| 正式名称 | ドイツ連邦共和国（Federal Republic of Germany） |
| 国土総面積 | 35.7万平方キロメートル（日本の約94%） |
| 人口 | 8,218万人（2015年12月末） |
| 人口密度 | 1平方キロメートルあたり約234人 |
| 首都 | ベルリン |
| 民族 | ゲルマン系を主体とするドイツ民族（在留外国人数約911万人） |
| 宗教 | カトリック（29.9%）、プロテスタント（28.9%）、<br>イスラム教（2.6%）、ユダヤ教（0.1%） |
| 政体 | 1990年10月３日に東西両独統一、連邦共和制<br>（16州：旧西独10州，旧東独５州及びベルリン州） |

（出典）在ドイツ日本国大使館ウェブサイト　2017年9月現在

30%を超える見込みである。日本の2025年問題と同じく、ドイツは2030年問題が不可避であり、医療・介護分野を中心に相次いで法を成立させ、社会保障制度改革を着実に実施している。好調な経済情勢の後押しもあり、年金水準の大幅な上昇、医療保険財政の安定的な運用など、現在のところ社会保障制度の財政状況は好調に推移している。

しかし、2015年に大量に流入した難民の影響が、人口動態に強く影響を及ぼしており、たとえば、合計特殊出生率が高水準になり保育所の整備がさらに急務になるなど、新たな課題への対応が求められているところである。

## 2. ドイツの医療保険制度

ドイツの医療保険には公的医療保険（GKV:Gesetzliche Krankenversicherung）と民間医療保険（PKV:Private Krankenversicherung 、通称「プライベート保険」）の２種類がある。かつては一定条件に該当する者にのみプライベート医療保険への加入が許されたが、2009年以降は公的医療保険に加入していない者すべてに公的医療保険またはプライベート保険への加入が義務づけられ、国民皆保険制度となった。現在では、ドイツ国民の約９割が公的医療保険に、約１割がプライベート保険に加入している。国民皆保険制度の中にプライベート保険が組み込まれていることが、ドイツ医療保険制度の特徴である。

### （1）公的医療保険 (GKV)

一定所得以下の国民は公的医療保険への加入が強制適用となる。また、その扶養家族（収入のない配偶者、子供）は保険料なしで家族加入者となれる。公的医療保険制度は、日本の健保組合に相当する「疾病金庫（Krankenkasse）」が運営しており、その財源は原則保険料のみで賄われ、各々の疾病金庫の独立採算制である。国民は、数ある疾病金庫の中から自由に加入先を選択することができる。そのため疾病金庫間での競争が進んでおり、多様な給付サービスが提供されている。しかし、近年の厳しい医療財政状況を反映して、最多時で1,200団体以上もあった疾病金庫は急激に減少しており、2016年には117団体になっている。

保険料の負担は労使折半で、所得に疾病金庫が定める保険料率を乗じて算出される。かつては保険料率は疾病金庫ごとに定められていたが、2009年１月よ

**表 3 公的医療保険の概要**

| | |
|---|---|
| 運営主体 | 疾病金庫 117 金庫（2016 年 8 月現在） |
| 被保険者資格者 | 月収 4,687.50€以下 (2016 年 ) を超えない被用者、自営農林業者等<br>（全国民の約 87%、約 7,112 万人）<br>※月収 4687.50€以下 (2016 年 ) 以上の被用者、自営業者、公務員等は強制適用ではない |
| 給付の種類 | 医療給付、予防給付、医学的リハビリテーション給付、在宅看護給付等<br>原則、現物給付（他に現金給付として傷病手当金がある） |
| 本人負担割合等 | 外来：自己負担なし（2013 年より自己負担が撤廃）<br>入院：1 日につき 28€(ただし年間 28 日分が限度)<br>薬剤費：製品価格の 10%（最低 5€、最高 10€）<br>・非処方せん薬（償還リスト以外）は保険給付対象外<br>・低所得者、18 歳以下は、自己負担免除<br>・自己負担限度額：年間収入の 2%まで、慢性疾患をもつ患者は年間収入の 1%まで |
| 保険料 | 一般保険料率：14.6%<br>（本人 7.3%、事業主 7.3%の労使折半、自営業者全額自己負担）<br>追加的保険料率（被保険者の単独負担）：平均 1.1%（2016 年） |
| 政府負担 | 保険給付になじまない給付（被扶養者に対する給付等）に充当するという目的及び昨今の金融経済危機において保険料率の軽減を行った分の穴埋めとして一定規模の国庫補助を実施（2015 年は 115 億€）。 |

り公的医療保険の財政が医療基金の創設によって統一されたことにともない、保険料率も一般保険料率 15.5%（労使折半）、特別保険料 0.9%（労働者のみ負担）に統一された。さらに 2014 年 6 月には、保険料の見直しが行われ、一般保険料率が14.6%（労使折半）に引き下げられ、特別保険料は撤廃された。その上で疾病金庫の自立性を強化するため、各々の疾病金庫で追加保険料（労働者のみが負担、平均 1.1%（2016 年））を設定し徴収することが可能とされた。

### （2）プライベート保険（PKV）

一定所得を超える被用者、公務員、自営業者、自由業者は、保険料とサービス内容などを比較して、公的医療保険かプライベート保険かを選択することができる。プライベート保険の保険料は、収入ではなく、年齢・性別・持病の有無等のリスク因子を考慮して決められるため、若く健康であれば、公的医療保険の強制適用でない者にとっては、公的医療保険よりも安い。さらに公的医療保険でカバーされる検査項目、処方薬の種類、治療内容よりも幅広いサービスが受けられる。

入院の際には個室もしくは２人部屋が用意され、入院中の診察は大学病院の上級医師や教授に直接担当してもらうことができる。一方で、年齢とともに保険料が上がっていく、家族が一括加入できず、ひとり一人が保険料を支払わなければならないなどのデメリットもある。一旦プライベート保険に変更すると、公的医療保険への逆戻りは困難で、55 歳以上では事実上不可能になる。そのため経済面を考慮しながらの選択が必要である。

### 3. 保険医の診療報酬

ドイツでは、外来はすべて開業医（Allgemeine Ärzte）が行い、病院（クランケンハウス：Krankenhaus）が行うのは入院治療のみと、明確に区別されている。現在、医師として活動している医師数はドイツ全域で約 37 万人、そのうち約 15 万人が外来医療、約 19 万人が入院医療に従事している。

外来の診察は、疾病金庫と契約している保険医 (Kassenärzte) が行っている。保険医はさらに“家庭医（Hausärzte)”と“専門医”とに区分されている。いずれも専門医資格が必要で、仮にひとりの医師が複数の専門医資格をもっていても、疾病金庫と契約し標榜できる診療科は１科のみであり、専門科以外の診療については診療報酬が支払われない。また医師充足率の地域格差を解消するために、区域ごとに、疾病金庫と契約できる家庭医、専門医の定員が決められており、その定員数は３年ごとに人口変動を考慮して見直される仕組みとなっている。さらに定年が 68 歳に定められていることもドイツの保険医制度の特徴である。

公的医療保険加入者は、家庭医の資格をもつ１保険医を自分の「かかりつけ医」として登録することができる（最低１年間)。「かかりつけ医」は、通常の診療に加え、必要に応じて専門診療科への紹介、病院での入院の手配などを行う。患者にとっては、眼科医、産婦人科医、小児科医、救急時以外は、まずは「かかりつけ医」に診てもらう必要があるが、夜８時まで受診が可能になったり、処方や検査の重複を回避できたりなどメリットがある。

翌年の診療報酬の予算総額は、保険医協会（Kassenarztliche Vereinigung）と疾病金庫との協議によって決定され、その予算枠に基づいて、各地域の保険医協会が各保険医に診療報酬を配分する（総額請負方式)。保険医は四半期ごとに診療報酬点数表に基づく請求を行い、保険医協会が審査後、予算枠に収まるように調整した上で、各保険医に診療報酬が配分される。

各保険医の報酬には、四半期ごとに、前年同期の各専門科の平均診療報酬などを考慮した「基準給付量（Regelleistungsvolumen；RLV）」という枠がさらに設けられている。基準給付量の 150％を超える診療を行った医師は、150 ～ 170％の部分については 25％減額、170％～ 200％の部分については 50％減額、200％を超える部分については 75％減額された診療報酬が支払われる。この制限は過剰処方の抑制やジェネリックの市場拡大につながっている。なお、インフルエンザの流行等の予期できない事情によって不可避的に医療費が増大した場合には、それに見合う額が疾病金庫から追加的に支払われる。

公的医療保険の診療報酬が年々減少している中、保険医側もプライベート保険の患者の診療を好む傾向がみられる。プライベート保険患者だけを診察する、プライベート保険患者だけの診察日を設ける、プライベート保険患者の待ち時間を短くするなど、プライベート保険の患者獲得に努力している保険医も少なくない。

## 薬剤給付と薬価制度の概要

### 1. 完全な医薬分業

ワクチンを接種するときは、患者自身が医師の処方せんをもって薬局からワクチンを購入し、それを再び医師のところへ持参して接種してもらわなければならない。ドイツでは医師は診療のみを担い、医薬品の供給はすべて薬局が行うという徹底した医薬分業が実施されている。

### 2. 公的医療保険における患者の自己負担

病院の外来については 2013 年１月より自己負担が撤廃された（それまでは同一疾病につき四半期ごとに 10€ の診察料、紹介状持参者等は無料）。また、入院については１日につき 28€（ただし年間 28 日分が限度）が自己負担金となる。

薬局では、患者は原則、薬局販売価格の 10％（ただし医薬品１種類につき、最低 5€、最高 10€）を「一部負担」として支払う。ただし患者が 18 歳以下の場合は免除される。なお患者の自己負担には上限が設定されている。年収の２％（予防検診を定期的に受けているか疾病管理プログラム（DMP）に参加している慢性疾患の患者は年収の1%)が負担の上限とされている。この負担額の計算には、医薬品の自己負担だけではなく、入所ケアや在宅看護の自己負担も組み込まれる。年の途中で負担上限額に達した場合は、その年の患者自己負担は免除される。

### 3. 公的医療保険の償還対象となる医薬品

ドイツの医師は要処方せん医薬品ばかりでなく、OTC 医薬品も処方することができるが、保険で償還されるのは要処方せん医薬品のみである。ただし 12 歳未満の子供および 18 歳未満の発達障害のある人は OTC 医薬品であっても償還対象となる。また要処方せん医薬品であっても、18 歳以上の場合には、次に該当する医薬品は償還対象外となる（ネガティブリスト）。

- **多くの場合、軽度の健康上の支障に対して用いられるもの（自己責任での対応が可能である）**
  風邪·インフルエンザに用いる医薬品（鼻水止め、咳止め、鎮痛剤を含む）、口・喉の治療薬（真菌感染症を除く）、下剤、乗り物酔い止めなど
- **使用目的が個人的な要求を満たすことや外見をよくすることに重点が置かれているもの**
  勃起障害治療薬、精力増強剤、経口避妊薬、禁煙、減量、体重調整、育毛改善など
- **治療上の有用性が証明されていない非経済的な医薬品**

**表４　参照価格の区分ごとの患者負担金額**

| | |
|---|---|
| 参照価格を超える医薬品 | 一部負担と別途に、薬局販売価格が参照価格を上まわる部分の費用を「超過負担」として支払う<br>〔例〕参照価格 100€の場合<br>120€の医薬品を調剤する場合、<br>患者負担は 10€(100×0.1)+20€=30€ |
| 参照価格を下回る医薬品 | 10% の自己負担（ただし、医薬品1種類につき最低 5€、最高 10€）<br>50€まで　5€<br>50～100€　10%<br>100€超　10€ |
| 参照価格の30%以上低い価格の医薬品 | 自己負担なし<br>（疾病金庫が負担） |

## ４. 参照価格制（定額制）

患者の薬剤費一部負担の仕組みには例外が設けられている。そのひとつが参照価格制 ( 定額制 ) である。連邦共同委員会 (G-BA) が規定する医薬品グループ (「参照価格」グループ ) について、連邦疾病金庫中央連合会が「参照価格」を設定している薬剤については、薬局の販売価格ではなく、参照価格が疾病金庫による費用償還の上限となり、参照価格を上まわる部分の費用は患者自らが「超過分」として負担しなければならない。この場合、処方医は患者にその旨を注意喚起する義務がある。多くの患者は自己負担が多くなることを避けようとするため、保険医も参照価格以下の医薬品を処方しようとする。結果、製薬企業も販売量を維持するために医薬品の価格を参照価格以下に抑えようとしている。また、疾病金庫は、参照価格より 30%以上低い価格の医薬品については、患者の一部負担金を免除するようにしている。これによりジェネリック医薬品の製薬企業は、その価格をさらに下げようとする傾向がみられる。

**【参照価格の設定】**

医薬品は、有効成分、作用機序、薬効等の観点から３つのグループに分けられ、各グループに属する医薬品に対する疾病金庫からの償還価格の上限が定められている。価格は、同一グループ内の薬剤の最低価格と最高価格（先発医薬品も含む）の間で、下から 1/3 の上限に相当する水準に設定される。参照価格グループは、次に揚げる３類型である。

- レベル 1: 同一の有効成分を有する医薬品
- レベル 2: 薬理学的（とくに化学的）に同等の有効成分を有し、治療学的に同等に作用する医薬品 ( ジャンボグループ )
  ( 例 ) スタチン系、PPI、マクロライド系など
- レベル 3: 治療学的に同等に作用する医薬品 ( 配合剤など )

## 5. 製薬企業による値引き

### （１）法定の値引き

製薬企業には、各疾病金庫に対して、7%（ジェネリックの場合は 6%）の値引きを行うことが法律により義務づけられている。さらにジェネリックに関して

は、上記6％の値引きに加えて引渡し価格の10％に相当する値引きが行われる。ただし、定額よりも30％以上低い価格の医薬品に対しては、この値引きの規定は適用されない。

### （2）値引き契約

法定の値引きとは別に、個別の疾病金庫と製薬企業との間で医薬品の「割引契約（Rabattvertrag）」を締結することが認められている。個々の疾病金庫は、特定の薬効成分の医薬品を安価な価格で供給する製薬企業を公募し、その価格や供給能力等を勘案して選定した企業と契約を締結することができる。参照価格が設定されていない医薬品であっても、疾病金庫と製薬企業の間で「値引き契約」が締結された医薬品については、患者の一部負担金減免される（疾病金庫が負担）。また、薬局には当該患者の所属する疾病金庫が値引き契約した医薬品を優先して交付することが義務づけられている。

2015年12月時点では、合計で1万5,955製品に関して少なくともひとつの疾病金庫との間で値引き契約が締結されており、実際に処方された医薬品の1/4は少なくともひとつの疾病金庫との間で値引き契約が締結されている医薬品となっている。 さらにジェネリックに関しては、90％以上の疾病金庫との間で値引き契約が締結されている。値引き契約による医療保険支出の節約効果は2015年では約37億€となっている。この金額は医薬品支給のための医療保険の支出額の10.4％に相当する。

## 6. 薬価制度

医薬品にかかる価格形成の基礎となるのは、製薬企業が卸に販売する際の引渡し価格である。薬局での販売価格は、この価格に卸および薬局の取引マージンならびに付加価値税を加算したものである。製薬企業は医薬品の引渡し価格を自由に設定することができる。つまり、引渡し価格は公定されているわけでも、公的に統制されているわけでもない。ただし、製薬企業は、同じ要処方せん医薬品を、いずれの卸に対しても同一の価格で販売しなければならない。このような統一的な引渡し価格に、AMPreisV（医薬品価格令）に定められた卸と薬局の取引マージンが上乗せされる。卸の取引マージンは製薬企業からの引渡し価格の3.15％

に１パッケージ当たり 0.7€ を加算した額、薬局の取引マージンは仕入れ価格の 3% に１パッケージ当たり 8.35€ を加算した額と定められている。

なお、社会法典 (SGBV) の規定によって、薬局は保険者への薬剤費請求の際

**薬局販売価格** ＝ ｛ 卸からの購入価格 × 1.03（3%の手数料） ＋ 8.35€（薬局の取引マージン） ｝ × 1.19（付加価値税）

に、上記のマージンから１医薬品あたり 1.77€（参考：GERMAN PHAMACIES FIGURES DATE FACT 2016,ABDA,）を割引くことが義務付けられている。この値引きの総額は 2015 年で約 11 億 € となっている。OTC 医薬品は、2004 年より、原則、公的医療保険にてカバーされなくなったのを契機に自由価格制となり、薬局独自に価格を決定できるようになった。当初は定価のままで販売する薬局が多く、OTC 医薬品の薬局間の価格差はなかった。しかし、最近国外のフランチャイズチェーン薬局や通販の台頭によって、既存のドイツ薬局では客離れが深刻化しており、OTC 医薬品の値引きの導入に乗り出し始めている。

### 7. ジェネリック医薬品普及促進に薬局・薬剤師が大きな役割

ドイツでは、被保険者の求めがあればジェネリック医薬品を提供する義務が薬局に課さられている。これは２００２年にアウト・イーデムルール（Aut-idem-Regelung）という名称で導入された（医薬品制限法）。アウト・イーデムルールは、同等の薬効成分を有する相対的に安価な医薬品がある場合、医師が処方した医薬品とは異なる医薬品を薬剤師が患者に交付するというルールであり、どのような医薬品が当該患者にふさわしいかを薬剤師が判断する点が特徴である。（ただし、医師の変更拒否が処方せん上に示されている場合は、変更できない）

### 8.「新たな有効成分を有する薬剤」の有用性評価

ドイツにおいてジェネリック医薬品の普及率は高く、2015 年の処方薬の 76%がジェネリック医薬品であった (Schwabe, Paffrath, 2016 )。製薬企業に対して、参照価格ルールや疾病金庫との割引契約の締結など、安価なジェネリック医薬品の供給を促進する制度が整備されている。薬局に対しても、先述したよ

うに薬効成分が同じ医薬品の中から、より価格の安いものを支給することが義務づけられており、さらにジェネリック医薬品の価格競争が促進されている。これに対して「特許権保護の対象となっている医薬品」に関しては、これまで本来の競争は行われてこなかった。このため、医薬品市場再編法により、2011 年以降新たに販売される医薬品 ( 医療保険による費用償還の対象となるものに限る ) であって新たな有効成分を有するものに対しては、早期の有用性評価が行われることになった。その目的は、新たに許可された革新的な医薬品にもできるだけ早期に償還価格の上限を定めることにある。

早期の有用性評価において「追加的な有用性が認めらない医薬品」と決定された新薬については、参照価格グループの「薬理上・治療上同等の医薬品のグループ」に位置づけられ、当該グループに適用される定額か、医療保険による償還の上限額となる。製薬企業は自社製品である当該医薬品の価格を自由に決定できるが、医療保険による償還は定額までしか行われない。「追加的な有用性が認められない薬剤」であっても、参照価格グループのいずれにも属さないものについては、疾病金庫連邦中央連合会と製薬企業との交渉・合意により償還価格が定められる。ただし、この場合の償還価格は、当該薬剤と同じ目的を有する既存の治療に要する費用の額を超えてはならないとされている。

「新たな有効成分を有する」いわゆる新薬は、発売時とりあえずは製薬企業が自由に引き渡し価格を定める。しかし、早期に有用性評価とそれに基づく償還価格の合意・決定が行われることにより、この製薬企業が定める価格は 1 年間しか通用しないことになった。

### 9. 医薬品のインターネット販売

ドック・モリス（DocMorris）通販は、ドイツ国境側近のオランダのヘーレン（Heelen）に本社があるヨーロッパ最大の医薬品ネット通販会社である。2004 年から医薬品通販がドイツで解禁されると、要処方せん医薬品にかかる自己負担金の無料化（オランダは自己負担がない）や、OTC 医薬品の２割引、３割引を目玉にして、ドイツ国内市場になぐりこみをかけてきた。さらに 2007 年の薬局チェーン解禁にともない、ドイツ各地にフランチャイズチェーン薬局を展開している。

2016年10月19日、ドック・モリス通販が申し出た「ネット販売における要処方せん医薬品の値引きの導入」が欧州裁判所で合法と判断された。ドイツ国内では要処方せん医薬品は値引きを禁止されているので、要処方せん医薬品の値引きは、ドイツ国外に拠点をおく医薬品ネット販売だけに認められている。

要処方せん医薬品の通信販売においては、注文はインターネットで可能であるが、購入者は処方せんの原本を郵送で当該薬局に送付しなければならない。また、薬局でも原本が薬局に到着しない限り調剤できない。このため、現時点では要処方せん医薬品の通信販売全体に占める割合はごく小さく、通信販売全体の90%以上がOTC医薬品で占められているというのが実態であるが、今後は要処方せん医薬品の通販市場が伸びる可能性もあるといわれている。

また、医薬品の通信販売激化の波は薬局だけではなく、大手のドラッグストアチェーンにもおよび、2008年には大手ドラッグストアチェーンDMがオランダのオンライン薬局Europa Apotheekと提携し、店内にファーマプンクト（PharmaPunkt）という注文ステーションを設置し、商品の注文と受け渡しのサービスを開始した。そして、ドイツ最大のドラッグストアチェーンSchleckerも自らオンライン薬局VITALSANAを開局して、一般販売可能な医薬品や生活用品のオンライン販売網への組み込みを始め、その流れは加速していく事態となった。 最近では、スーパーマーケットチェーンやカタログ販売の会社等まで医薬品の通信販売事業に参入する状況になっており、医薬品の通信販売市場での競争が激しさを増している。通信販売を許可されている薬局は、国内の全薬局の約１割程度であり、ドイツ全体での医薬品市場規模219億ユーロであるが、このうちのネット販売は約３%である。

これらのネット通販の現状に対してドイツ薬剤師連盟（ABDA）は対抗策を構じ、薬局の存在意義をドイツ国民にアピールしている。たとえば、くすりの配達サービスであり、ドイツ薬剤師連盟が運営するサイトに、薬局から発信する情報やサービスをとりまとめた“aponet”というウェブサイトをオープンした。ABDAは、このサイトの中で「ホームサービス」とよばれる、一般薬局が近くの患者宅まで薬を届けるサービスの提供を紹介している。患者は“aponet”の画面に郵便番号を入力することで最寄りの「ホームサービス」実施薬局を検索でき、画面上か電話で医薬品を注文、それを取り置きしてもらうか、自宅まで配達してもらうことのできるという仕組みである。オンライン薬局と違ってOTC医薬品の値引きはないものの、要処方せん医薬品を注文する場合には処方せんを郵送する手間がなく、また薬剤師からのアドバイスが配達時に受けられるというメリットもあり、社会的に評価・認知されつつある。

また、「ハウスアポテーケ」（かかりつけ薬局）をアピールし、患者に身近な医療提供施設であることを認知させる施策に打って出た。患者は薬局に個人データを登録し、かかりつけ薬局をもつことにより、薬局はより細やかな患者情報に基づいた相互作用や医薬品の重複などを管理し、アドバイスを受けられるというもので、今までのドイツの薬局にみられなかったPharmaceutical careの実践を通販の対抗策として始めたのは興味深い状況といえる。

## 医薬品の区別

ドイツの医薬品は（1）要処方せん医薬品（Verschreibungspflichtig）、（2）OTC医薬品/薬局義務医薬品（Apothekenpflichtig）」、（3）自由販売医薬品（Freiverkäuflich）」の3つのカテゴリーに分類される（表5）。このうち要処方せん医薬品とOTC医薬品は薬局でしか販売できない。ドイツの一般用医薬品は成分が単味のものが多く、医療用からスイッチされたものも日本に比べてかなり安価である。

ドイツの薬局では、相談カウンター後方の壁一面が薬棚になっており、OTC医薬品がカテゴリーごとに陳列されている。薬局では、幅広い領域で、各適応症に対して、患者の好みや状況に合わせてくすりを選択できるよう、次のような数種類のタイプのOTC医薬品を取り揃え、相談販売を行っている。

・単一成分、複合成分含有
・天然成分、合成成分
・ホメオパシー（薬局義務医薬品扱い、一部は要処方せん医薬品）
・同一成分の複数の剤形（錠剤、発泡錠、シロップ、顆粒、坐薬 ...）
・乳児・小児・妊婦にも使用できる製品
・同一成分でもオリジナルメーカーの製品とジェネリック

最近ではより数多くのOTC医薬品を取り扱えるよう、医薬品の陳列は行わず、

## 表５　ドイツの薬局で販売できる医薬品の区分

**要処方せん医薬品：Verschreibungspflichtig**

・医師の処方せんがないと入手できない医療用医薬品
・患者から見える薬棚には陳列できない
・薬局以外で供給することができない
・リスト価格の変更ができない
・製品の展示ができない（調剤室にしか置けない）
・製品の宣伝はできない

**OTC 医薬品／薬局義務医薬品：Apothekenpflichtig**

・医師の処方せんがなくても薬局で販売可能ないわゆる OTC 医薬品
・副作用が少なく安全性が確認されたもの
・解熱鎮痛薬、鎮咳薬、かぜ薬、胃腸薬、皮膚治療薬、薬用スキンケア、ビタミン・ミネラル、循環器症状（動悸、息切れ、低血圧）治療薬、リウマチ薬、膀胱・利尿・性機能障害改善薬、抗不安剤、不眠症薬、緊急避妊薬（2015 年３月〜）等
・２００４年１月１日より自由価格制となった
・患者の手の届かない棚への配置、展示は可能
・製品の宣伝が可能である

**自由販売医薬品：Freiverkäuferlich**

・薬局および一定の要件を満たす販売店（ドロゲリー）で販売が可能な医薬品
・強壮、健康状態の改善、内臓諸器官の機能保護又は疾病の予防を目的とする医薬品であり、具体的な効能や明白な治療効果がないもの
・植物由来医薬品、ビタミン誘導体など
・消費者・患者が自由に選び、手に取ることができる

デジタルウォールで製品の画像だけを示しながら、自動ピッキングマシーンと連動させて相談対応を行う薬局も現れてきている（写真 1）。

写真１　ピッキンマシーンと連動のデジタルウォール

## 薬局制度と薬剤師の役割

2004 年、増大する医療費を抑えるため、主に次のような大規模な医療制度改革が実施された。

- **チェーン薬局解禁**

  これまで 1 薬剤師は 1 薬局しか開局できなかったが、2004 年の改革では、支店を 3 薬局まで開局できるように規制緩和された。
- **薬局義務医薬品の償還外し**

  ドイツの医師は処方せん医薬品以外の医薬品も含めすべての医薬品を処方することができるが、医療保険でカバーしていた薬局義務医薬品が 18 歳以上の成人は全額自己負担となった。
- **保険請求薬価の見直し**
- **薬局指示薬の価格の自由化**

  全ドイツで統一価格だった薬局義務医薬品の販売価格が薬局ごとに自由に設定できるようになった。

この改革がドイツの薬局・薬剤師にとって大きな転機となり、ドイツの薬局は非常に厳しい経営環境におかれることになった。最大 21,602 軒 (2008 年) だった薬局数は、2009 年以降は年々減少し、2015 年末には 20,249 軒になっている (表 6)。

**表 6　薬局数の推移**

| | 1995 | 2000 | 2005 | 2010 | 2013 | 2014 | 2015 |
|---|---|---|---|---|---|---|---|
| 薬局数 | 21,119 | 21,592 | 21,476 | 21,441 | 20,662 | 20,441 | 20,249 |
| メイン薬局 | 21,119 | 21,592 | 20,248 | 17,963 | 16,661 | 16,269 | 15,968 |
| 支店薬局 | - | - | 1,228 | 3,478 | 4,001 | 4,172 | 4,281 |

(参考) GERMAN PHARMACIES FIGURES, DATA, FACTS 2016 (ABDA)

### 1. 薬局開設の施設要件

薬局のマーク (図 1) は全ドイツで統一されており、どの街でも薬局が一目でわかる。薬局のマークはドイツ語で薬局を意味する Apotheke の「A」の赤文字に、蛇が巻いた杯が描かれたものである。この図柄はギリシャ神話に由来し、医神アスクレピオスの娘であり、健康の女神であるヒギエイアが聖蛇に餌を与える杯「ヒギエイアの杯」とその「聖蛇」を意味する。

図１ドイツの薬局のマーク

薬局は公道に面していなければならず、公道側の壁面は薬局内が見えやすいようにガラス張りと決められている。それぞれの薬局がこのショーウインドウのディスプレイ（ドイツではデコレーションと呼んでいる）に趣向を凝らしている。季節ごとに替わる薬局のデコレーションは、地域住民の目を大いに楽しませながら、くすりや健康、薬局の役割についての情報を発信している。

日本では調剤室２坪以上、調剤室、売り場スペースを合わせて６坪以上あれば薬局開設できるが、ドイツでは、営業延べ面 110㎡（33.3 坪）以上の十分なスペースが必要で、医薬品を販売する場所、製剤室、実験室、十分な貯蔵庫、夜勤者のための宿泊施設などの施設要件を満たさなければならない。

## 医薬品を販売する場所

医薬品を販売する場所は独立したカウンターになっており、POS レジと一体化したコンピュータが備えられている。薬局のコンピュータシステムは、レセプト入力、計数調剤の補助、医薬品情報の管理、相互作用や疾患禁忌等のチェック、レジ、医薬品の発注等の機能がオール・イン・ワンで装備され、１台あれば全業務ができる。複雑な上、度々改定される保険制度にも、迅速に対応し、より速く、より正確な業務をサポートしている。薬局スタッフはほとんどカウンターを離れることなく、基本的には立ったまま顧客対応を行っている。

## 製剤室

医薬品は天井まで届く、長い奥行きのある引き出し式の棚に収められている。製剤室内では主に水剤、軟膏、ハーブ製剤などの調合が行われる。

**実験室**

医薬品の品質試験に必要な試薬や器具、蒸留水を作る蒸留装置などが備えられている。

**十分な貯蔵庫**

温度 20 度以下に保ち医薬品の保管管理を行う必要がある。災害や有事の場合に備え、多めの在庫を備えている。

**夜勤者のための宿泊施設**

地域の薬剤師会で輪番制を組み 24 時間 365 日医薬品が供給できる体制を整えている。薬局には夜勤当番者のためにシャワー室やベッドが備えられている。外からの緊急情報を得るためにテレビの設置が義務付けられている。

## 2. 薬局従事者

薬局内で仕事を行うスタッフは薬剤師の他に、PTA（Pharmazeutisch-Technische Assistanten）や PKA（Pharmazeutisch-Kaufmännische Angestellte）、そして薬局が受け入れている実習生がいる。PTA はほとんど薬剤師と同じ仕事を行うが、麻薬処方せんの取り扱いや品質試験の署名、夜間勤務など責任をともなう仕事はできない。PKA は薬学的な仕事はできず、医薬品の発注などの事務作業を行っている。薬局で働くスタッフの給与は組合で決められており、実習生にも給与が支払われる。

## 3. 薬局で販売できるもの（医薬品以外）

調剤専門薬局はなく、薬局は、処方薬以外にも、OTC 医薬品、化粧品、医療用具、衛生用品など、多くの製品を扱っている。しかし、何でも販売してもよいというわけではなく、薬局で販売できるものが薬局営業規則で決められている（表7）。

軽い症状であれば、国民の 7 割はまず薬局に行く（ABDA 薬局統計、2011 年調べ）。ドイツでは 3 種類以上の定期薬を服用している患者の 88%がかかりつけ薬局をもっており（ABDA 薬局統計、2016 年調べ）、法的な締め付けはないものの、かかりつけ薬局・薬剤師制度が国民に定着している。

ドイツの薬局·薬剤師は、国民への「速やかな医薬品供給」と「医薬品の有効性、

**表７薬局で販売できるもの**（薬局営業規則 25 条）

包帯
疾病ケア、ベビーケア用品
医療用具、歯科医療用具、動物用医療用具
衛生用品、ボディケア用品
ダイエット食品、ダイエット規則にあげられた食品
果実ネクター、果実ジュース、野菜ジュース、香辛料、ハチミツ、
咳止め飴、飲料水、湧き水、炭酸水、スポーツ選手のための特別栄養食品、栄養補助食品、茶、茶類似品
試薬、化学物質、実験室用品
害虫駆除薬および植物保護剤、動物飼料
禁煙補助薬
本、雑誌やその他の情報誌
（医薬品や製品に関する情報提供に関するもので、購入者に助言や支援を与える目的のもの）

**表８ドイツの薬局の社会的機能**

●薬局に関する法律第１条１項目
薬局は、公共の利益において、国民のために秩序正しく医薬品を供給することを義務付けられるものとする
●薬剤師法第１条
薬剤師は、住民に秩序正しく医薬品を供給することを職業として、それによって個人および国民に健康を提供し奉仕するものである
●ドイツ連邦薬剤師令第１条
薬剤師は国民に医薬品を整然と供給することを旨とすることを職業とし、それによって個々人と全国民の健康に寄与するものとする

安全性、品質の維持」を業務の２本柱とし、国民の健康を守る職務から、主に次のような業務を行っている。

## 4. 薬局の業務

### ① 処方せん調剤

ドイツでは錠剤やカプセル剤は箱に入ったまま開封せずに渡す箱出し（標準化）による調剤が行われる。処方せんは手書きかコンピュータによる印字処方せんが発行される。ドイツでは１枚の処方せんに３医薬品までしか書くことができないため、３医薬品以上の場合は処方せんの枚数が２枚～３枚になる。処方せんに代替不可の記載がなければ薬局において代替調剤が可能である。この際変更に関する医師への情報提供は必要ない。

医薬品の特性により、例えばN1=20錠入、N2=50錠入、N3=100錠入というように包装量が異なる箱があり、処方せんにはその箱のサイズも記入されており、指定された医薬品を取り出した後窓口のコンピュータで箱に印字されているバーコードを読み取り確認し、患者に薬を渡して調剤が終了する。最近は、コンピュータに患者情報と医薬品情報が入力されると、それに連動したピッキングマシーン（調剤ロボット）（**写真2**）が医薬品を自動で棚から取り出し、圧縮空気や自由落下方式により患者と対面している薬剤師の手元へ医薬品を搬送するシステムを備えた薬局も多くなった。医薬品を取りに行く業務による患者とのコミュニケーション中断がないこと、投薬が早くなること、誤った医薬品のピッキングが減少すること等の理由により、薬剤師・患者共に好評を博している。医薬品の箱の中には患者用の添付文書が入っており、副作用や相互作用などの情報が詳しく記載されている。患者には医薬品を使用する前に添付文書を読む義務があり、質問があれば薬剤師に相談する。

**写真2　調剤ロボット**

**② OTC 医薬品、サプリメントの相談販売**

2004年の医療制度改革で、18歳以上へのOTC医薬品の処方が保険償還外となった。これを機に薬局でのOTC医薬品やサプリメントの相談販売業務が一層重要となり、薬剤師、PTAの力量が問われるようになっており、メーカーの勉強会をこまめに開くなど、多くの薬局がスタッフ教育に力を入れている。

**③医薬品の品質試験**

ハーブや原末類はドイツ薬局方に基づいて異物が混入していないか確認試験を行う。医薬品は患者にそのまま箱渡しするため、１日１品目ずつ包装を開封して、中の錠剤の破損や変色等がないか、添付文書は入っているかなどチェックする。不良品があった場合はすぐに薬剤師会の医薬品コミッション（AMK）に報告することになっている。その後AMKで報告事象の評価が行われ必要であれば回収となる。

写真３　薬局の夜間対応窓口

**④ 夜間・休日の対応**

夜間(午後８時から翌朝８時まで)や休日については、地域の薬剤師会で輪番制度を整え、地域住民に対して24時間365日の医薬品供給を行っている。基本的に薬剤師ひとりが薬局内に残るため、薬局は鍵をかけて閉店し、患者や顧客が来て呼び鈴を鳴らしたら小さな夜間窓口で対応する（**写真３**）。窓口は人間の頭が通らない大きさになっており侵入の危険はない。地域住民には薬局が配るカレンダーや薬局検索のサイトで年間の当番薬局を知らせている。また薬局の夜間窓口には１週間の当番薬局が掲示されており、当番ではない薬局に行ってもその日の当番薬局がわかるようになっている。街や薬局の場所もよるが１晩に平均30人くらいが、大きな病院の近くだと100人くらいが夜間に来局するという。

**⑤血圧、血糖、総コレステロール値測定**

血圧だけでなく、血糖、総コレステロール値の測定は薬局のプライベート室で行う。薬局での検査は有料だが、ドイツでは定期的に薬局で検査を受けておくと、保険料が安くなったり、病気になったときに治療費が安くなったりする仕組みがある。

**⑥高齢者施設、病院、刑務所への医薬品供給（許可制、輪番制）**

**⑦実習生の受け入れ**

**⑧副作用報告**

そのほかにも街の健康イベントへの参加や介護施設職員への医薬品の勉強会、学校での授業など国民に薬局の仕事を知ってもらうためのアピール活動も行っている。

**表９　ドイツ薬局従業員の資格取得**

| | |
|---|---|
| **薬剤師** | ４年制大学（２ヵ月間の基礎実習含む）＋1 年間の実務実習（有給）<br>国家試験は２年次終了時に１次国家試験があり、４年次終了時で２次国家試験にのぞむ。さらに１年間の実習終了後に３次国家試験に合格し、薬剤師になれる（ちなみに薬学士等の称号はない） |
| **PTA / 薬学技術助手** | PTA 学校２年履修後国家試験（２段階）＋6ヵ月の実務実習<br>国家資格であるが州薬剤師会に委任されて試験および養成教育が実施されている。<br>管理業務と夜勤を除くすべての業務に従事可能。<br>ただし PTA は「薬剤師の監督下」においてのみ薬事に関わる業務に従事することができる（薬局営業規則）と規定されている。実科学校卒業レベルが入学要件となる。 |
| **PKA/ 薬学販売員** | ３年間の職業学校での教育後、州薬剤師会によって実施される試験制度（国家資格）に合格する必要がある。中間試験・卒業試験の２段階の資格試験（筆記）が課せられる。<br>教育目標は事務能力・PC 実務・保険事務・薬局実務・広告・薬事関連法規順守としている。 |

**表 10　薬剤師国家試験**（各々２回まで受験可能）

| 1 次国家試験 | 2 次国家試験 | 3 次国家試験 |
|---|---|---|
| 基礎教育(４ゼメスター /2年間)終了後 | 専門教育（8 ゼメスター /２年間）終了後 | 卒後実務研修終了後 |
| 筆記試験 | 20～40 分の口頭試験 | 30～60 分の口頭試験 |
| 1. 無機化学および有機化学<br>(100 問、2.5 時間)<br>2. 生物学<br>(100 問、2.5 時間)<br>3. 物理学、物理化学<br>(80 問、2 時間)<br>4. 分析化学<br>(80 問、2 時間) | 1. 薬化学／生化学<br>2. 生物学<br>3. 製剤学、生物薬学<br>4. 薬理学、毒性学<br>5. 臨床薬学 | 1. 実務薬学<br>2. 薬事関係法規 |

## 5. 薬剤師養成制度

ドイツには22の薬学部があるが、すべて国立大学（州立）であり、４年制（8ゼメスター）である。授業料は、無料または1ゼメスター（つまり半年）あたり500€ほどに抑えられている。薬剤師国家試験は３段階となっており、それぞれ２度のみ受験することができる。つまり２回試験に落ちてしまったら、薬剤師になることは一生できなくなる。

薬学部入学者は、まず１～４ゼメスターの２年間、基礎教育を受け、その期間中に将来の職場に対する概観をつかむために８週間のインターン実習を受ける。実習先は自由に選ぶことができ、４週間を薬局、２週間を病院、２週間を製薬メーカーと複数受けることもできる。

基礎教育終了後、1回目の国家試験（筆記試験）があり、それに合格した者は、５～８ゼメスターの２年間、薬学に関連した専門教育を受ける。この期間中は6～7割が実習で、座学よりも考える力を実践で身につける教育に重点が置かれている。品質管理が薬剤師の重要な仕事ととして認知されるドイツでは、大学での専門教育は薬化学に一番比重が置かれている。アスピリン等の医薬品を自ら文献を探して製造したり、製造したものが純粋であるか、不純物が混ざっていないかを試験する実習が組まれたりもしている。また、薬草や薬草に含まれる成分の習得、薬草成分の抽出なども履修する。薬学専門教育を修了した後、2回目の国家試験（20～40分の口頭試験）を受ける。この2回目の国家試験の合格をもって薬学部は卒業となるのだが、薬剤師になるためには、さらに1年間の実務研修が必要である。実務研修は６ヵ月間は薬局必須となり、残りの６ヵ月間は病院、研究所、製薬メーカーなどで受けてもよいこととされている。日本の薬局実習と異なる点は、実習期間中も薬局から実習生に給与が支払われる点である。実習先は、大学に頼らず、実習生自身の責任で各薬局に応募しなければならない。つまり実習生も実習する薬局を選択でき、薬局側も実習生を選んで採用することができる。

実習受け入れ薬局では、薬剤師国家資格後、ひとりでも薬局業務ができるレベルまで到達するような教育が施される。実務研修終了後は、30～60分の口頭試験である３回目の国家試験の受験資格が与えられ、この試験に合格すると薬剤師資格が与えられる。

### 6. 生涯学習制度

薬剤師組合 (the State Chambers of Pharmacists (LAK)) および薬剤師協会 (State Pharmacists' Associations (LAV)) が開催する生涯教育セミナーは年 3,500 回ほどで、延べ16万人の薬局スタッフが参加している。またドイツには、栄養相談専門薬剤師 (Nutritional advice)、自然療法とホメオパシー専門薬剤師 (Naturopathy treatment and homeopathy)、高齢者専門薬剤師 (Geriatric pharmacy)、疾患予防とヘルスプロモーション専門薬剤師 (Disease prevention and health promotion)、がん専門薬剤師(Oncological pharmacy)、ケアサービス専門薬剤師 (Care services) などの専門薬剤師の領域がある。ドイツには約５万人の薬局薬剤師がいるが、そのうち約１万２千人が専門薬剤師の資格をもつ。各々の領域の専門薬剤師の資格は、３年の研修プログラムを終了したものに与えられ、その後１年間は専門薬剤師を名乗ることができる。

多くの薬局では薬剤師のみならず、PTA や PKA などの全スタッフの教育に力を注いでいる。とはいっても、業務外で研修にいく習慣はドイツ人にはあまりないようだ。ＩＴ化やよりよいシステムの導入で、薬局の日常業務を徹底的に効率化し、そうして捻出した時間を、患者対応、ＤＩ業務、スタッフの勉強などに当て活用している。

## まとめ

医療保険制度において、医薬品の公定価格が存在しないドイツでは、薬剤費支出の増加抑制策を積極的に講じている。たとえば、参照価格制度や保険者に認められる割引契約などに顕著にあらわれている。日本もジェネリック医薬品促進には力を入れているが、ドイツは２００２年から医師の薬剤変更拒否がない限り、薬局・薬剤師にジェネリック医薬品使用を義務付けている。ドイツの薬事政策を目の前にして考えるのは、年々医療費が増加傾向にある日本は薬剤支出抑制策を今まで以上に積極的に推し進めていかなければならないということである。

ドイツは要処方せん医薬品のインターネット販売が許可されている。今のところ利用者は少数であるが、今後増加していくことは間違いないであろう。それに対しドイツ薬剤師連盟 (ABDA) が自ら一丸となって対抗策を打っているのは興味深いものがある。とくに「ハウスアポテーケ」（かかりつけ薬局）をアピールしている部分には何か我が国の戦略と通じるものを感じた。しかしながら、ドイツで実践されている具体的な中身に、日本の現場との大きな違いを感じたのは著者である私だけはないと思う。これから日本においても、要処方せん医薬品のインターネット販売の議論が加速化されていくだろう。その対抗策として、ドイツで実践されている取り組みがきっと参考になるのではないかと確信している。我が国の職能団体においても、かかりつけ薬局の機能と重要性をアピールをするべきであろう。

ドイツの薬剤師は、「Apotheke 2030」～ドイツの薬局サービスの提供についての見通し～という宣言をミュンヘンで圧倒的多数によって採用した(Pharmacist Day 2014)。「Apotheke 2030」は、薬局・薬剤師の役割とサービスの範囲が医療制度の柱としてどのように進められなければならないかについて、そのヴィジョンと道筋を明らかにしている。重要なのは薬剤師が医者や他の専門家とのネットワークの中の一部として協力することで、医療従事者における薬剤師の役割を強め、このことが患者の真の薬物管理を可能にするということだと強調している。薬局・薬剤師は、医療従事者ネットワークの中にあって、医薬品に関連した問題を回避、検出、解決することにより薬物治療の効果と効率を上げる役割を担うべきだと目標を定めているのである。このように薬局・薬剤師の将来あるべき姿を、会員である薬剤師が自らのこととして話し合い、作成していっているプロセスは、我々に大いなる示唆をあたえる。薬剤師の未来はすべからく他人ごとではなく、自らの進むべき道なのである。これを自覚することなく歩むことは許されないのである。こうした危機感を共有するドイツの薬剤師には尊敬さえ覚えている。

最後に、この宣言中でもっとも感銘をうけた文を記して終わりたい。

薬剤師という職業呼称が求めるべき「教育、先進的で継続的な教育」について、どのような教育が我々の将来支えていくのかということを薬剤師は真剣に考え、答えをみつけなければならない。

第３章

# フランス

石井雅代
薬局オリーブファーマシー

## 医療制度の概要

### 1. 医療保険制度

フランスの医療保障制度は、1999 年以降普遍的医療制度（CMU）を採用し、我が国と同様に国民皆保険を達成している。保険者は民間企業の被用者を主たる加入者とする一般制度（医療費ベースで 75%、加入者レベルで 85%占める）を核としつつ、職域ごとの複数の制度が分立する。一般制度はさらに、医療保険・老年年金等の各種の分野に分かれており、それぞれについて保険者を担当する「金庫（caisse）」が存在する。また一般制度以外の代表的な医療保険制度として、農業制度・自営業者制度・特別制度がある。これら多数の保険者を全国レベルで束ねるのが、2004 年に導入された全国医療保険金庫連合（CNAMTS）であり、医師組合との協約締結等の重要な役割を担っている。

日本にみられないフランスの重要な特徴のひとつに、国民の 95%以上が原則任意加入する補足的保険制度が発達していることがある。この制度には法的性格が異なる共済組合・労使共済制度・民間営利保険会社の 3つの保険者が参入している。なお医療費（治療費・薬剤費を含む）のうち、この補助制度が補う割合は 2000 年時点で12.4%、2012 年においては13.7%であった。これは公的保険制度の補う割合が 76.5%から 75.5%に後退したことに対応している。

### 2. 医療制度の財政

医療制度の財政に関して、80 年代までは一般制度の財源において保険料が占める割合は 9 割であったが、90 年代以降、一般税及び目的税の財源に占める割合が急速に増加している。この傾向は、1991 年に一般社会拠出金と呼ばれる社会保障目的税が創設されたことと、一般社会拠出金の賦課率の引き上げとともに被用者の負担する保険料が引き下げられたことによるところが大きい。今日では、一般制度の医療保険において、労使拠出等の保険料の割合が財源全体の約 46%を占めるのに対し、一般社会拠出金だけで 34%、たばこ消費税等の税などを合わせると約 50%弱が保険料以外の租税等で賄われている。

## 薬剤給付と薬価制度の概要

### 1. 薬剤給付

フランスでは報酬直接支払いの原則が社会保障法典に規定されている。そのため医療保険給付も基本的には、被保険者が一度医療機関に診療費の全額を支払った後、医師の領収書を所属する疾病金庫に送ることで償還を受ける償還払い方式を採用している。

その中で薬剤給付は、現物給付（prestations en nature）に分類され、同じ償還払い方式である。償還対象となるのは、保険償還対象医薬品リストに収載された医薬品であり、給付率（償還率）はその薬効や薬価によって 5 段階に分けられている（**表 11**）。なお、従来の償還率に応じて医薬品の箱の色が異なるラベル表示は 2014 年 7 月以降廃止された。

償還払いが保険給付の原則であることは、フランス医療の大きな特徴のひとつである。例外としては、長期かつ高額な治療を必要とする特定疾病（ALD）の

**表11　薬剤給付における償還率の区分**

| | | |
|---|---|---|
| 100% | 代替不可能でとくに高価な医薬品 | ex.) 抗がん剤、HIV 薬等 |
| 65% | 医薬品効能評価（SMR）が［重要］である医薬品 | ex.) 一般薬剤 |
| 30% | 医薬品効能評価（SMR）が［中程度］である医薬品 | ex.) 胃薬等 |
| 15% | 医薬品効能評価（SMR）が［軽度］である医薬品 | ex.) 有用生の低いと判断された薬剤 |
| 0% | | ex.) ビタミン剤、強壮剤 |

患者や保険料の負担能力がないために補足・普遍的医療給付を受給している者については、負担が全額免除される。また後発医薬品などの場合には第三者支払い方式（tiers payant）とよばれる療養給付方式が採用されている。なお、フランス政府は2017年をめどに、償還払い方式から第三者支払い方式（患者は一時負担金を支払う、日本の療養の給付方式）への全面移行を目指している。

## 2. 薬価制度

医薬品は、国立医薬品・医薬用品安全庁（ANSM）または欧州医薬品庁（EMA）で販売承認（AMM）を得なければ販売することができない。販売許可を得た医薬品は、公的医療保険からの償還を希望しなければそのまま自由価格で販売される。償還を希望する場合は、高等保健機構（HAS）の透明性審査会（CT）によって医療上の有用性（SMR）と既存の薬剤や治療法と比較した改善度（ASMR）を判断基準に評価され、医療保険金庫全国連合（UNCAM）によって償還率が決定される。また償還価格は、ASMRの評価等を考慮し製薬企業との価格交渉を経て、医療製品経済委員会（CEPS）が決定する。以上の手続きを経て医薬品の償還決定がなされ、官報で公示される。SMR・ASMRは５年ごとに再評価されることになっており、その結果に基づき価格に引き下げ、非償還化といった措置がとられることがある。

後発品の価格決定の原則として、後発品の価格は比較対象になる参照医薬品（先発品）のマイナス60%となり、先発品は20%の引き下げが行われる。発売１年後には、先発品に対してマイナス12.5%、後発品はさらにマイナス7%となる。それ以降はCEPSが決めた場合に、薬効群での価格差などから判断し見直しが行われる。また後発医薬品価格決定には外国価格参照制度も導入されており、参照国はドイツ、イギリス、スペイン、イタリアの４カ国である。

配合剤については、特別なルールがある訳ではない。初めは新薬として上市されるが、効果がなければ５年を待たずに再評価を受ける。構成成分は、同じSMRやASMRの評価を受け、価格も構成成分の合計を上回ることはない。また配合剤は成分名処方を使用できず、今後の見通しが明るいとは言い難い。

## 医薬品の区別

### 1. 薬局で販売される医薬品の種類

薬局薬とは、薬局でしか購入できない医薬品を本書では定義する。フランスでは、以下の通り、3 種類のカテゴリーが設定されている。

・第 1 カテゴリー：処方せんがないと購入できないもの（PMO）
・第 2 カテゴリー：処方せんが任意の医薬品（PMF）
（自分で処方せんなく購入することができ、償還も可能）
・第 3 カテゴリー：OTC 医薬品

PMO と PMF のカテゴリーにおいて、新しく導入された薬剤師の調剤サービス料は、2015 年で 0.8€/1 箱、2016 年で 1.0€/1 箱である。ただし、PMF において処方せんがある場合は調剤サービス料も償還対象であるが、処方せんがない場合には調剤サービス料が患者負担となる。

2015 年に対する 2016 年の医薬品販売傾向は、薬局薬全体で横ばいである。以下、その内訳である（表 12）。

### 2. 分類による規制の違い

償還薬は価格や薬の特性について、一切一般への広告を行えないが、非償還薬は、自由化が行われた。しかし、薬局薬剤師は販売促進広告や値引きを行うことはできない。

**表12　2015-2016 年の医薬品販売傾向（対前年比）**

| | 2015 年（対前年比） | 2016 年（対前年比） |
|---|---|---|
| Officine 【薬局薬】 | 20,031(-0.2%) | 20,062(+0.1%) |
| Remboursable【償還】 | 17,933(-0.9%) | 17,987(-0.0%) |
| Non Remboursable【非償還】 | 2,038(+7.1%) | 2,075(+1.7%) |
| PMO【処方せん薬】 | 16,763(-0.1%) | 16,584(+0.1%) |
| PMF【処方が任意】 | 3,268(-0.8%) | 3,208(+0.3%) |
| Hors Repetoire【特許切れではない医薬品】 | 13,197(-0.5%) | 13,079(-0.9%) |
| Repertoire Exploite【特許切れ薬品】 | 4,796(-2.2%) | 4,908(+2.3%) |
| GE の特許切れ医薬品に対する占有率 | 78.8% | 81.4% |
| Hopital【病院薬】 | 10,036(+6.1%) | 10,931(+7.5%) |

## 薬局制度と薬剤師の役割

フランスにおいては完全医薬分業が行われている。公衆衛生法によると、薬局は処方せんにより医薬品を調合し、薬剤師にのみ販売が認められている製品・医薬品の取り扱いを行う営利企業である。そして薬局薬剤師は医薬品以外に医療衛生材料や殺虫剤・コンタクトレンズ関連品・試薬および診断用薬・避妊関連品などの販売に対して独占権を有している。

また、薬局の所有権と経営は薬剤師のみに許可されているが、1941 年より自由に開局することを認められていない。開局を制限する条件として、法令による地理的配分制度と薬局経営者基準がある。

### 地理的基準

・人口 30,000 人以上の市町村…3,000 人あたりに 1 軒
・人口 5,000 ～ 30,000 人の市町村…2,500 人あたりに 1 軒
・人口 5,000 人以下の市町村…2,000 人あたりに 1 軒

ただし市町村の規模から例外として算出されることもある。

### 薬局経営者基準

・フランス政府発行の薬学博士号あるいは EC 加盟国より発行された免許
・地方理事会名簿に登録されている
・薬局の所有者もしくは共同経営者になりうる資格を有している

2015 年現在、調剤薬局数は 21,772 軒である。現在、フランスでは薬局の再編・集中が進んでおり、数は減少を続けている。また経営形態として個人から会社への移行が進んでおり、なかでも自由職会社（SEL）が伸びている。

フランスにおける薬剤師は、2016 年時点で 74,441 名であり、その就業内分けは以下の図で示すようになっている（図 2）。

薬局薬剤師は約 70%ともっとも多い。フランスではチェーン薬局は存在せず、また薬剤師自身もほかに職業をもつことはできない。薬剤師経営者は、複数の人数の補助薬剤師を雇用することができるが、その人数は薬局の総収入に応じて決められている。いずれの場合も調剤ができるのは薬剤師だけであり、薬剤師は

図２　フランスにおける薬剤師の就業内分け (%)

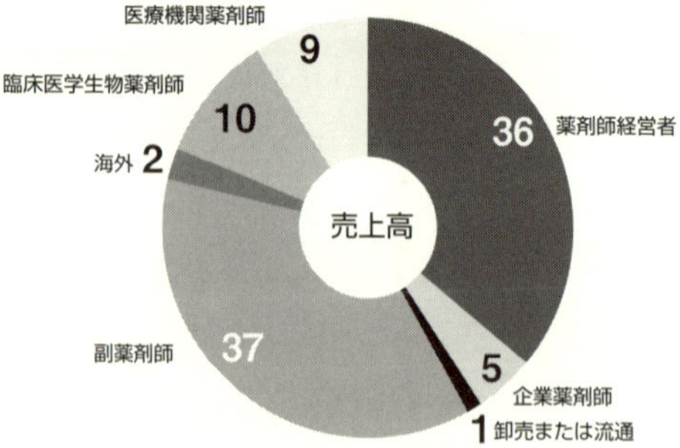


出典：Les-pharmaciens-Panorama-au-1er-janvier-2017

処方におけるいかなる間違いに対しても、処方した医師と責任を分担することになっている。

**薬局マージンの最新動向**

フランスの薬局と薬局薬剤師の収益は、純粋に営業上の収入に偏っていた。しかし、小規模な薬局が経営困難に陥り閉店する状況が発生している昨今、この状況を改善するため、薬剤師会と政府により小規模薬局の合併が行われている。また社会保障機関と薬剤師組合による交渉の結果、薬剤師を「医療従事者」と明確に認めることで医薬品提供という行為に付加価値をつけることに合意した。詳しくは以下の２つである。

1）薬局のサービスに対してのマージン
2）薬剤師個人ベースで疾病金庫から一定の目標を達成した場合に成果主義的に与えられる報酬。下記ａ～ｄの目標達成で約 10,000€ の追加収入となる。

目標　a）薬局のシステムの近代化
　　　b）疾病金庫からの水準以上に後発医薬品を普及させる
　　　c）高齢者に対して後発医薬品のブランドをひとつに安定させる
　　　d）慢性疾患患者に対しての薬局フォロー

## 薬局薬剤師の調剤以外の業務・役割

### 1. 薬局における薬歴ファイルの構築

2011年に導入された薬歴ファイルとは、患者に投与された処方薬・OTC医薬品を管理したもので、フランスのほぼすべての薬局に普及している。

開発目的は償還請求や保険金庫への情報提供であったが、現在は保健省などからの迅速な情報伝達や患者へ投与された薬用量の推移の確認、それによる患者安全の確保など様々なサービスが開始されている。今後は病院薬剤師もアクセスが可能となるようネットワークを拡大していく予定である。

### 2. 薬剤管理指導業務

現在、薬局では患者が臨床検査を受けているかをフォローしている。とくに血液抗凝固剤（ビタミンK拮抗剤）が投与されている患者へは、年2回薬剤師と面談することが官報により2012年に公示された。2013年～2014年12月の間に約14,000軒の薬局で23万件の面談が実施された。その顧客満足度スコアは8.7／10[2]であった。また2013年には製薬企業と薬剤師間の協定により、喘息患者においても同様の薬剤師によるフォローが決定され、2014年12月までに約5,000件が実施された。

### 3. 在宅医療

フランスにおける在宅医療は、日本のような往診ではなく、在宅入院(HAD: Hospitalisation à domicile）システムにおいて、薬剤供給も病院の薬局から行われている。よって、今まで薬局では在宅医療に関与してこなかったが、病院薬局からの支給が困難な場合などにおいて試験的に実施されている。しかし、薬局はに入院中の情報がないため、有効なサービスが行えないとの要望が出されている。

### 4. 担当薬剤師制度

2009年に法律により薬剤師の任務に次の任務が明記された。

・応急処置　・医療専門職間の強力　・治療の恒久生　・疾病の予防
・治療の指導　・介護老人福祉施設での活動　・治療グループ内での活動
・健康状態改善のための助言および処置

その中でとくに過疎地では、医師と患者の双方から任命された薬剤師に対し、処方せんの更新や薬用量の調節の権限を委託するものである。また病気の発見に努め、症状に適した医師の紹介や助言をする。

## 薬剤師養成教育

フランスの薬学部は、全国に存在する24の大学すべてが国立である。薬学部は医学部と並び人気があり、毎年１万名を超える学生が入学する。薬剤師になるためには、高校終了時に行われるバカロレア（大学入学資格国家試験）に合格したのち、薬学部に入学し最低６年間は大学教育を受ける必要があり、大学における薬剤師の養成課程は３つのサイクルに分かれている。

第１サイクルは、３年の一般教育課程で、第２学年への進級時に進学許可定員（numerous clauaus）による人数制限があり、進級できるのは 20 ～ 30%程度と非常に厳しい競争である。その結果、２年生以上の各学年の薬学生数は、全国で２～3,000 人程度となる。これにより年間の新規の登録薬剤師数が調節されている。薬学系の進学許可定員は 2004 年の 2,400 名から 2014 年には 3,095 名と大幅に増加している。

第２サイクルは２年の専門研究課程で、第４学年の後期から、終了後の進路により、調剤薬局・製薬産業課程とインターン課程の２つに分かれる。

第３サイクルは課程によって年数が異なり、調剤薬局・製薬産業課程は１年の短期サイクル、インターン課程は３年の長期サイクルとなる。大学病院で研究等に携わるにはインターン課程を経る必要がある。卒業時に薬剤師の称号は与えられるが、実際に薬剤師として勤務するには、論文の提出と口頭試験に合格しなければならない。

## 生涯教育制度

2002 年以前、フランスの薬剤師は、自らの関心や必要性、またくすりを取り巻く変化に応じてテーマを選ぶという自由意思による研修を行っていた。これらの研修に自己負担金は発生せず、薬学関係機関からの拠出金による基金に支援されていた。また、ほとんどの研修が大学で実施され、研修修了時には修了証明が発行されている。

2002 年、フランスでは薬剤師の継続研修教育が法的に義務化を行なった。現在、その仕組みは薬剤師が医療機関に勤務しているか否か、どの医療機関に勤務しているかによって異なる。

薬剤師は、５年ごとに各審議会に研修教育を 50 単位（原則１単位＝１時間）履修したことを証明する書類をまとめて提出し、これらの機関が研修教育義務の遵守を認定する仕組みである。義務が遵守された場合、研修教育審議会は証明書を発行し、そのことが薬剤師会に通知される。書類の提出がされない場合には６ヵ月以内に必要書類を提出するように催促され、６ヵ月を過ぎても提出されなかった場合にはそのことが薬剤師会に通知される。

研修の方法には、研修機関への参加・インターネットでの通信教育・専門コースがある。研修サービス提供者は、大学や製薬企業や学会であり、資金調達や監視は薬学関係機関によって行われる。

## まとめ

フランスの医療保険制度は、職業的複数の保険者によってあらゆる国民をカバーするとともに、この属性に当てはまらない国民をすべて被用者保険に加入させることで国民皆保険を達成しているが、その反面医療保険財源として税財源の割合が多い。また、患者には医師及び医療機関の選択の自由が、医師には診療報酬の出来高払いと自由開業制による医療活動の自由が認められるなど、日本との共通点を多くもっている。

またフランスの総医療費は、対 GDP 比で米国に次いで高い水準にある。これは高齢者増加による医療費の増加などの理由のほかに、歴史的にフランスでは、医療制度に対し国からのコントロールがごく限定的であるという特徴があり、結果として支払い側による医療費抑制や医療費のコントロールに対し、ごく近年までほとんど関与することができなかったからである。

しかし、フランスでは確実に医療費適正化政策がとられている。1996 年の社会保障税制法律の導入後は、保険制度の管理運営において国の権限が著しく強化された。また2004年診断群分類別に基づく包括医療の導入、2005年16歳以上の国民に対するかかりつけ医の選択の義務化、2007年新ICカードの発行と続いており、2014年時にはWebベースの疾病管理連携システム（DMP）の導入実験も行われている。これは患者の同意のもと各医療情報を患者も含めた関係者で共有するシステムであり、基本情報（氏名、性別、生年月日、社会保障番号、アレルギーの有無とその内容、既往歴など）とその連携のキーとなる個人IDが記録されている。そのほか、各医療機関の診療記録·薬局における処方情報·臨床検査クリニックでの検査処方情報・在宅診療ネットワークや高齢・障害者の保険ネットワークの対象者の診療経過などが共有される。これらの政策はすべて医療費削減の目的にもつながっており、DMP導入だけでも年間20～30億€が節約できると推計されている。

このような中で、薬剤師に対しては、2006年後発医薬品使用促進への具体的数値目標が設定され、2012年には30品目に個別の目標設定がされた。達成した場合にはインセンティブが与えられるが、目標に達しなかった場合には制裁や薬剤師会から除名処分されたケースもあった。また2009年に公布された病院・患者・健康・地域に関する法律の中では、セフルメディケーションを推進するために薬剤師の役割や治療的患者教育の推進方法が記載され、同じく2009年に担当薬剤師制度が法的に規定された。

この執筆にあたり、フランスと日本の薬剤師に求められていること、－調剤サービスに対するマージンや在宅・セルフメディケーション・生涯研修など－をみていく中で、基本的に両国の間に差はないと感じた。しかし、薬局そのもののあり方や薬剤師に求められている責任の大きさが異なっている。日本の薬局・薬剤師にとって、フランスの制度変化は参考にすべきもののひとつではないかと強く思う。

## 参考文献

・「フランス医療関連データ集 2014 年版」一般財団法人医療経済機構
・「薬剤使用状況等に関する調査研究報告書」医療経済研究・社会保障福祉協会医療経済研究機構　2017.3 pp.61-107
・「Overview of Community Pharmacy Services in Europe」PGEU GPUE
・「https://ec.europa.eu/health//sites/health/files/workforce/docs/cpd_mapping_report_en.pdf PGEU GPUE
・中村健「諸外国の薬剤給付制度と動向」薬事日報社　2010.5　pp.43-106
・日仏薬学会会長　辰野高司「フランスの薬剤師・薬学・医薬品」総合医学社 1993.7
国立国会図書館より以下の３点
・「薬剤師使用状況等に関する調査研究報告書」医療経済研究・社会保障福祉協会医療経済研究機構 2016.3 pp.105-119
・「海外の薬局くらべてみれば　第６回 France」『Pharma tribune』2013.12 pp.34-35
・稲森公嘉「フランスにおける薬剤政策の動向」『健保連海外医療保障』2016.3 pp.8-15http://www.kenporen.com/include/outline/pdf_kaigai_iryo/201603_No109.pdf

第４章

# オーストラリア

堀川壽代
合名会社　光栄堂薬局

## 医療制度の概要

### 1. 制度の特徴

オーストラリア連邦（「Commonwealth of Australia」以下、「オーストラリア」と記述）は、1788年に英国人が入植したことにより、文化的・経済的にも英国の影響が色濃かったが、1980年以降は米国の影響も受けるようになった。そのため、医療や福祉においても欧州とも米国とも異なる独自の特徴を有している。

オーストラリアでは、1946年憲法改正により、医療給付やサービスを供給することが可能になった。連邦では、「政策決定」や「公的保険医療」、「調査」、「全国的な情報管理」など、とくに全国的な事項において主導的な役割を果たしており、各州では、「公的医療サービスの運営」や、「医療従事者の規制」などの『医療サービス供給者』との直接的な役割（公立病院サービス、学校保健、歯科衛生など　広範囲の地域保健プログラムの実施）を果たしている。

医療保障制度は、全国的な公的医療制度（国民皆保障）として、英国のシステム（NHS）をベースとしたメディケア（Medicare）が確立され、幅広く質の高い医療サービスが提供されている。この制度の持続可能性を担保するために、負担能力のある者に対して民間医療保険・民間医療サービスの積極的な活用を認め、推し進めている。英国とアメリカの特徴を活かした混合型であり、効率のよいシステムがオーストラリアの医療保障制度の大きな特徴といえる。

公的医療制度であるメディケアは、1973年健康保険法にて規定され、1984年に開始された。政策の責任は連邦の保険・高齢化省が担っており、2005年10月以降、制度の運営はメディケア庁が行っている。加入資格者は、オーストラリア国民とオーストラリアに居住する永住権所有者のみに限定されている。ビジネスや留学、退職者ビザで長期に滞在されている人などは対象外である。

メディケアでは、（1）公的医療サービスの提供　（2）公的以外の医療サービスへの支払いに対する補助・処方せん医薬品費用の補助　（3）特定補助金の交付　が行われている。

医療サービスに対する報酬・費用として、病院の利用費（入院・手術）「ホスピタルフィー」と医師への技術料「ドクターズフィー」が存在する。メディケアにおける給付では、「メディケア給付表（＝診療報酬表（Medicare Benefit Schedule））」を基準に支払われている。メディケア給付表で定める給付額は、あくまでも基準であり、医療行為・サービスに対する公定価格ではない。オーストラリアでは、「ドクターズフィー」についてメディケア給付表で定められた額に上乗せして、医師の自己裁量による追加料金を請求することができることになっている。また、メディケア給付では、「美容整形」、「州政府が連邦の補助を受けて行っているサービス」、「労災保険でカバーされるサービス」など、一部のサービスは対象外となっている。

医薬品については「医薬品給付制度（Pharmaceutical Benefits Scheme；PBS）」と呼ばれる処方医薬品に対する給付制度が存在する。

運営に必要な財源は、連邦の一般財源とメディケア税（Medicare Levy）により賄われている。日本のような職域保険（いわゆる社会保険）や自治体による社会保険制度は存在していない。メディケア税の課税標準は課税所得である。中高所得者を課税対象所得者として追加の税負担を設けている（個人所得税に一律に課せられる上乗せ課税「Medicare Levy Surcharge」）。逆に低所得者へは、免除措置が設けられている。また、民間医療保険の活用推進のため、民間医療保険に加入していない高額所得者についても前述の上乗せ課税の対象となる。このほかにも加入者が民間医療保険へ支払う保険料に対して還付を行っている。（還付率は所得や年齢などにより規定されている。）このような民間医療保険への加入促進の効果で国民の約半数が民間医療保険へ加入している。

## 2. 医療提供体制について

かかりつけ医（＝GP；General Practitioner　以下「GP」と記述）がプライマリケアを担っている。英国のGP制度を基本とした制度設計となっているが、居住地等による厳しい制限や事前届出が必要な制度ではなく、国民が主体的にGPを選択することができる。GPを検索するシステムも充実している。患者は、緊急時や手術・入院が必要な時を除き、原則GPに受診をしなければならない。GPが高度医療サービスへのゲートキーパーの役割も担っており、病院・専門医による検査や診察など受けるためには、GPの紹介が必要となる。そういった制約は受けるものの、GPにおける医療サービスの費用は、（メディケア給付表に定められた分の）全額がメディケアから給付を受けることができる。

二次・三次医療では、前述のようにGPの紹介により「公立病院（Public Hospital）」で「公的患者（public patient）」として医療サービスを受ける方法と、「プライベート患者（Private Patient）」として医療サービスを受ける方法、「私立病院（Private Hospital）」にて医療サービスを受ける方法を選択することができる。

公立病院で、「公的患者」として医療サービスを受ける場合、医師の指名や病室を選択することができないが、外来・入院を問わず受けた医療サービス費用の「ドクターズフィー」と「ホスピタルフィー」のどちらに対しても（メディケア給付表に定められた分の）全額がメディケアから給付を受けることができる。逆に「プライベート患者」として医療サービスを受ける場合には、医師の指名や病室を選択することが可能であり、さらに「私立病院」を利用する場合には、フリーアクセスでいつでも医療サービスを受けることができるが、医療サービス費用の負担について「プライベート患者」も「私立病院」利用者も「ホスピタルフィー」に対するメディケア給付はなく、「ドクターズフィー」に対しても外来の場合には費用の85%、入院の場合には75%しかメディケア給付を受けることができない。民間医療保険では、「プライベート患者」および「私立病院」で受けた医療サービスの料金とメディケアから給付を受けた部分の差額を補てんすることができる。

公立病院では緊急の処置や手術が優先に行われるため、緊急性をともなわない「選択的」な治療については、待機期間が長くなる。私立病院を選択すれば、待つことなく直ちに医療サービスを受けることができるが、自己負担が発生する。

民間医療保険に加入していれば、ほぼ医療費のほぼすべてをカバーしてもらえるが、加入していなければ多額の差額を負担することとなる。

**3. 医療費などの支払いについて**

（1）医療機関で医療費の全額を支払った後、メディケア事務所（健康保険委員会：Health Insurance Commission）に請求して払い戻しを受ける（償還払い）

（2）医療機関からの請求書を自己負担分（の金額）と一緒にメディケア事務所に持ち込み、メディケア事務所から医療機関あての小切手を発行してもらい、医療機関に支払う

（3）（あらかじめ医療機関が登録をしている場合のみ）一括請求（現物給付）方式制度（Bulk-billing）を選択できる。

（1）（2）は、患者が郵送または地域のメディケア事務所の窓口で請求を行わなくてはいけないが、（3）は、患者がメディケアカードを提示することで、受診時の支払いをせずに、医療機関が直接メディケア庁に対し、メディケア給付額をまとめて請求する。したがって、患者が（1）のように立て替え払いをしなくてもよく、また、医師側がメディケア給付額を報酬満額として認め、上乗せ請求（医師の自己裁量による追加料金）を患者に行う権利を放棄しているので、患者は自己負担分を支払うことなく医療サービスを受けることができる。この一括請求方式制度では、医師はメディケア給付額の85%しか請求することができないことと、追加料金の機会を放棄するというデメリットはあるものの、直接メディケア庁に全額を請求するため、未払いのリスクが減少するというメリットがある。医師は、患者のタイプによって一括請求方式を採用するか否か選択することができる。

（1）（2）で発生する上乗せ請求分や、「プライベート患者」および「私立病院」を選択した場合などに発生する自己負担分などが高額な場合など、医療費の過剰な自己負担防止を目的とした医療費セーフティネット制度（Medicare Safety Net Thresholds）が 2004 年より導入されている。

## 薬剤給付と薬価制度の概観

処方せんにより調剤された薬剤費を補助する薬剤給付制度（Pharmaceutical Benefits Scheme: PBS と以下略）が 1948 年より設けられ、連邦の国家健康法（1953 年：National Health Act 1953 (Commonwealth)）で定められている。オーストラリア政府の広範囲な国家医薬品政策（National Medicines Policy）の一環として、健康成果と経済的な目標の両方が達成されるように、投薬や関連サービスのニーズを満たすことを目的とされている。

原則は、外来患者へ交付される処方せんにより調剤された薬剤費に対する給付制度だが、一部、公立病院で用いられる特定の高コスト医薬品（化学療法剤など）に対する補助なども行われている。また、退役軍人局（Department of Veterans' Affairs：DVA）の補助により、退役軍人が所持するカード（DVA カードと略）のうち、ホワイト、ゴールド、オレンジの DVA カードを所持者専用の医薬品リスト（Repatriation Pharmaceutical Benefits Scheme：RPBS と以下略）も存在する。該当 DVA カード所持者は、薬局において処方せんと PBS カードに加えて DVA カードの提示を行わなくてはならない。歯科や眼科領域に対する処方薬については通常の PBS リストの適応になっておらず、各々、別のリストが存在する。

PBS は、保健省（Department of Health）により管理されており、ヒューマンサービス部門（Department of Human Services）により運営されている。リストについては PBS のウェブサイトにてオンラインで医薬品の使用条件とともに公開されている。なお、リストの更新は毎月 1 日に行われている。リスト中の医薬品については、処方医に対して以下の使用制限が定められている。①治療目的であれば制限なく処方できる医薬品、②特定の患者グループまたは適応症に対する治療目的でのみ処方することができる医薬品、③処方するのにヒューマンサービス部門または退役軍人局の承認が必要な医薬品（処方時に医師が医薬品の使用を正当化する特定の条件および状況を申請しなくてはいけない）。医薬品の PBS リスト収載の可否ついては、独立した審査機関である医薬品給付諮問委員会（Pharmaceutical Benefits Advisory Committee：PBAC）が行っている。前述のメディケアと財政的には切り離されているのが特徴である。薬剤費の一部を政府が補助するものであり、財源は一般財源である。

この制度により薬剤の現物給付を受けるためには、原則、メディケアに加入していることが条件となっているが、オーストラリアと相互医療協定（Reciprocal Health Care Agreement：RHCA と以下略）を結んでいる国からの訪問者も利用することができる（現在、オーストラリアと RHCA を結んでいる国は、英国、アイルランド、ニュージーランド、マルタ、イタリア、スウェーデン、オランダ、フィンランド、ノルウェー、ベルギー、スロベニア）。該当している国からの訪問者は、処方せんを提出する際にパスポートを提示することで利用が可能である。また、ヒューマンサービス部門に連絡すれば、RHCA カードを得ることもできる。

医療提供者（処方せん発行者）が PBS を利用して医薬品を供給するためには、プロバイダーナンバーの取得が必要である。プロバイダーナンバーの取得は、医師だけではなく、看護師についても取得が可能である。ただし、看護師が処方できる薬剤については制限がある。この制度を扱うことができる薬局も許可制である。

患者は、許可薬局において処方せんと一緒に PBS カード（もしくは RHCA カード・RHCA 国のパスポート）を提示すれば、自己負担分のみで薬剤の交付を受けることができる。（ただし、RPBS を利用の場合には VCA カードの提示、優遇被保険者（Concessional Beneficiaries）の場合には、それを証明するカードなどの提示を行わなくてはいけない）

薬局で支払う自己負担額には上限が設けられており、上限額（38.80 豪 $）以下の薬については全額自己負担となり、上限額を超える医薬品については超過部分が制度より補助される。（同種の医薬品で異なるブランドが存在する場合は、低コストのブランドの価格を基準とする。）また、患者個人または世帯の年間支払額が上限額（1,494.90 豪 $）に達するとその年のそれ以降の支払額が 1 回につき低額（6.30 豪 $）で一定となる。

優遇被保険者（Concessional Beneficiaries）については、1 回の支払額の上限を一般よりもかなり低額に設定されている（6.30 豪 $）他、世帯の年間支払額が上限（378.00 豪 $）に達するとその年のそれ以降は無料となる。自己負担額については、消費者物価指数（CPI）に沿って毎年 1 月 1 日に調整されている。

2016 年 1 月 1 日から、薬局において薬剤師は患者の自己負担額を最高 1.00 豪 $ まで割引することができるようになった。割引を提供するかどうかは薬局・薬剤師が自由に選択できる。ただし、この割引オプションは、指定された条件の医薬品には適用されていない。

薬局における調剤に関わる手数料は、毎年 7 月 1 日に調整され決定される。この手数料と薬剤費を合算したものが請求金額となるが、ブランドの基準額と薬剤費に差額が生じる場合にはその差額（premium applies：プレミアム差額と以下略）は、PBS の対象にはならないので、自己負担金に加算される。

一般的な患者に対して、請求金額が自己負担上限額（38.80 豪 $）よりも下回った場合、薬剤師は追加の手数料（additional fee：手数料と以下略）を追加することができる。この手数料は現在 4.38 豪 $ と定められており、自己負担金の年間支払上限額（基準額）の計算には加算できない。また、手数料を含んだ合計金額が自己負担上限額より上回らないことが条件となっている。さらに、自己負担上限額に満たない場合には、セーフティネット記録料（safety net recording fee：記録料と以下略）として、1.21 豪 $ を計上することができる。この記録料は、優遇被保険者には計上することはできず、自己負担金の年間支払上限額（基準額）の計算に加算される。また、前述の手数料同様、自己負担上限額を超えては請求することはできない。

いずれにしても薬局では、原則として、プレミアム差額を除いて自己負担上限額を超えての負担金の請求はできないこととなっている。

オーストラリアにおける処方せんに基づく保険調剤業務は、連邦政府に定められたルールに基づいて行われている。処方せんによる調剤は、計数調剤ではなく、箱出し調剤が一般的である。したがって、従事薬剤師が 1 人態勢でもカウンセリングを重視した対応が可能である。投与日数は、例外もあるが基本は 1 ヵ月分であり、医薬品の包装規格単位も大抵 30 日分で販売されている。抗生剤や抗ウイルス剤など短期間投与の医薬品は、服用すべき日数に合わせた包装規格で販売されており、包装規格に合わせた日数で処方される。

リピート調剤（＝レフィル／リフィル調剤　以下、リピートという表現で統一）も行われており、患者が月に 1 回の頻度で来局し、最大 6 ケ月の対応までが可能である。リピート処方せんは、必ずしも、決まった薬局で医薬品を払い出してもらう必要はなく、原則として処方せんの管理は患者が行うことになっている。

## 薬局制度と薬剤師の役割

### 1. 薬局について

薬局の開設は原則として薬剤師に限られており、薬剤師ひとりが開設（経営）できる薬局数も制限がある（州により数は異なる）。しかしながら、いわゆるフランチャイズ形式のチェーン薬局（banner group）は存在し、薬局市場において少なからず影響力を発揮している。完全な個人経営の薬局（Independent）とチェーン薬局が併存している状況にある。オーストラリアでは、資本力に支えられたチェーン薬局の広告と販売促進戦略に対して、地域住民へのきめ細やかなサービスを提供する個人薬局が勇猛果敢に挑んでいるが、チェーン化の波は大きく、個人薬局の生き残りが今後のカギとなるとみられている。

薬局の数と開設場所は、オーストラリア薬局庁“Australian Community Pharmacy Authority”によって連邦レベルで管理されている。開設のルールについては、連邦（保健省：Department of Health）とオーストラリア薬局経営者団体（The Pharmacy Guild of Australia：the Guild）との間で締結された薬局協定（CPA: Community Pharmacy agreement；5 年ごとに改定される薬剤師の報酬体系、現在は 2015 年に締結された 6CPA(6thCPA) が適用　以下、「薬局協定」と略）により規定されている。

勤務薬剤師の報酬については、連邦政府の薬局の報酬に関する裁決機関である“Pharmaceutical Benefits Remuneration Tribunal”によって管理されている。つまり労働契約は民民の契約であるが、報酬については、専門職として自律性を尊重し、政府と専門職能団体の間で協議し合意した最低賃金を定めるように担保されており、公務員と同様に公益性が認められている。これほどまでに薬剤師に対する自律性と公益性が認められているのは、薬剤師の不断の努力によるものが大きいといわれている。

### 2. 医薬品について

国の医薬品政策は、National Medicines Policy（医薬品方針）のもとで決定される。医薬品政策では、処方せん医薬品のみならず、一般用医薬品（OTC 医薬品と以下略）、補完医療（サプリメント、ハーブ製剤、ホメオパシーなど）、消費者が医薬品を使わない選択肢も考慮されている。1996 年 6 月に政府の評議会が定めた方針であり、健康増進に対し、よりよい成果をだすことを目的としており、連邦政府（制度・政策）、州および準州（アクセス・規制）、保健・医療従事者、医薬品業界、ヘルスケア需要者、メディアが連携して地域保健を推進することである。サービスを提供するためのシステムにおいて、以下の事項に合意しなければならない。

- 人々のニーズに対応した質の高いケアを提供すること
- 予防衛生と費用対効果の高いケアを優先的に提供すること
- 税金を有効に活用すること
- 役割と責任をより明確にすること
- メディケアを通じて、基本的な保健サービスの利用を保持すること

この合意に沿って、人々のニーズに焦点を当て優先し、以下の主要な目的を担保するためにお互いのスキル、経験、知識を活かさなくてはならない。

- 必要とする医薬品が適時に、経済的に購入可能であること
- 品質、安全性、有効性において適切な基準を満たした医薬品であること
- 医薬品適正使用
- 責任ある製薬業界の維持

医薬品の分類は、リスク以外にアクセスの観点からも検討されたうえで、その範囲や制限が決定され分類されている（表 13）。前述の PBS（薬剤給付制度）の対象となる処方せん医薬品は多くないため、OTC 医薬品の役割が相対的に重要である。

オーストラリアにおける「医薬品の分類」（Schedules と以下略）は、Non Schedule から９に分けられるが、いわゆる OTC 医薬品は Non Schedule から３が該当し、Schedule ４が処方せん医薬品である。

Schedule ３は、薬剤師医薬品と定義され、薬剤師が直接会話をして販売しなければならない。Schedule ２は、薬局の店頭において顧客が自由に手に取

**表13　オーストラリアにおける医薬品の分類**

| | | |
|---|---|---|
| Non Schedule | | 一般用医薬品（薬局外でも販売できる） |
| Schedule 1 | (S1) | 現在使用されていない |
| Schedule 2 | (S2) | 薬局医薬品 |
| Schedule 3 | (S3) | 薬剤師医薬品 |
| Schedule 4 | (S4) | 処方せん用医薬品　もしくは処方せん用動物処置薬 |
| Schedule 5 | (S5) | 劇薬（注意を要する医薬品） |
| Schedule 6 | (S6) | 毒薬 |
| Schedule 7 | (S7) | 危険な毒薬 |
| Schedule 8 | (S8) | 規制医薬品 |
| Schedule 9 | (S9) | 禁止物質 |

るように陳列が可能で、薬剤師が管理をしなければならないが、薬局スタッフ（テクニシャン（調剤補助）やアシスタント）が相談・販売可能な医薬品である。Schedule1 は現在は使用されていない。Non Schedule は厳格な規制がない医薬品であり、薬局以外の小売店でも販売が可能な医薬品である。

Schedule の見直しについて、処方せん医薬品から OTC 医薬品への変更は、さまざまな公衆衛生上の必要性をもとに、企業からの書類提出によってなされることが一般的である。Schedule の見直しについて薬剤師会に意見を求められることはあるが、薬剤師会側から処方せん医薬品の Schedule 3へのスイッチ化の希望を申し入れることはなく、オーストラリア薬剤師会（PSA）では、Schedule 3を増やすことで業務範囲を広げるという戦略はもっていないとのことである。

過去の例では、「プソイドエフェドリン」が覚せい剤の原料として使用される危険性もありうることから、Schedule1、2 から Schedule 3に変更された事例もあった。

### 3. インターネットによる医薬品の販売について

オーストラリアでは、薬局であれば、オンラインで処方せん医薬品も含め医薬品を販売することができ、インターネットによる医薬品の販売に対し、特別の規制も設けられていない。しかしながら、医薬品へのアクセス整備が非常によいため、一般消費者は、時間的・手間的に、あえてインターネット販売を利用する必要性がないと考えられている。

## 4. 薬剤師の役割と薬剤師組織

### オーストラリア薬剤師会　Pharmaceutical Society of Australia: PSA

オーストラリア内の各州の地域薬剤師会が集まり1977年に設立された。ヴィクトリア州などの１００年以上の歴史をもつ地域薬剤師会もあったが、連邦の権限が増すにつれて、連邦レベルの代表組織が必要との考えが醸成され、全国組織であるPSAの設立に至った。しかし、西オーストラリア州のパースなど一部の地区薬剤師会は加盟に至っていない。非加盟の薬剤師会は、歴史的にも古くからあり、また影響力が大きい組織であり、こうした組織と連邦レベルで上手に立ち回ることもPSAの歴史であった。しかし、近年は、PSAの教育システムに対する評価が高まり、連邦レベルでの発言力は増しており、名実ともにオーストラリアの薬剤師を代表する組織となった。

PSAは、「薬学の実務の卓越性を通じて、国民の健康を向上させる」をビジョンとして掲げており､会員がヘルスケアのリーダーであると自負できるために｢薬剤師の能力を保つための教育や支援」、「薬剤師の社会的な役割や意義、または期待されている働きや機能を確立していくこと」、「権利擁護や薬剤師の職能をアピールするために連邦政府や他の職業や業界へニーズや新しいケアモデルを提案（代弁）すること」等を使命としている。

また、PSAは、患者に一番身近な存在である医療従事者として、その役割を果たすために“質のよい患者ケア”と専門教育の継続を支援する機能をもっていると考えている。したがって、薬剤師と薬局のスタッフのための初期および継続的な教育、実務実習のサポートを提供している。結果として、継続専門教育プログラムのプロバイダにおいて､リーダー的な存在と広く認識されるに至っている。

組織の内外に向けてさまざまな働きかけ・取り組みを行い、薬剤師そのもののポリシーや態度だけではなく、社会における“薬剤師”に対する態度、意見にも影響を及ぼしている。具体的にはさまざまな薬学イベントを企画し、またオーストラリア医薬品集（処方集）、薬剤師向け雑誌他、さまざまな薬学書籍を出版している。

**オーストラリア薬局経営者団体　The Pharmacy Guild of Australia: the Guild**

1928年に設立された薬局経営者（開設者）の職能団体。連邦政府と1990年より前述の薬局協定（CPA）やPBS（薬剤給付制度）収載医薬品取り扱い時の薬局マージンや薬局開設地域に関する規定を締結している。この規定に基づき薬局運営・薬局薬剤師業務が行われている。

**オーストラリアコンサルタント薬剤師会　Australian Association of Consultant Pharmacy: AACP**

オーストラリア薬剤師会（PSA）とオーストラリア薬局経営者団体（the Guild）が共同で所有しており、オーストラリアにおいて薬局が医療の専門家としての役割の拡大ができるように“コンサルタント”薬局（＝相談薬局）を国家的にアプローチするために設立された団体である。オーストラリアにおいて“コンサルタント”薬局の認知や付加価値、専門的なサービスの提供を推進し追及している。

主要な役割は、新しい専門的な“コンサルタント”サービスの定義と開発、そして薬剤師の認定を行い、サービスを提供することである。

これらのサービスは、家庭や施設において介護を受けている高齢者への投薬の見直しや管理から、コミュニティ薬剤師（かかりつけ薬剤師）が提供する特定のサービスに至るまで広範囲である。

特定のサービスには、喘息、糖尿病、創傷ケア、禁煙、依存性薬物の治療方法（メタドン療法）などがある。

インターネットサイトでは、一般人が自分の居住地域に従事する認定を受けた“コンサルタント”薬剤師の検索を行うことができる。検索画面には地域の他にも提供される言語も一緒に検索することができるようになっている。

**5. 調剤補助／薬局技術者（Pharmacy Technician　または、Dispensary Technician）**

オーストラリアでは、調剤補助（いわゆるテクニシャン）は認められており、その知識、スキル、特性として、「注意深く組織的に働くこと」「コミュニケーション力」「指示にしたがう能力」「数学的能力」「顧客のニーズを敏感かつ機密的に扱う」ことが必要とされている。薬局または病院の薬剤部門に勤務している。平均時給は 21.28 豪＄で、年収は 41,600 ～ 51,999 豪＄である。

調剤補助になるためには、技術養成学校（Technical and further education：TAFA collage）において 1 年間教育を受け、病院・薬局での保健サービス証明書ⅢおよびⅣ（Certificate III and IV in Hospital/Health Services Pharmacy Support）を取得するか、薬局経営者団体（the Guild）で提供されている薬局･調剤　証明書ⅢおよびⅣ（Certificate III and IV in Community Pharmacy Dispensary）取得のためのコースを受講する、もしくは薬局アシスタント（Pharmacy Assistant）が 24 ヵ月の訓練を受けることによりなることができる。

なお、薬局アシスタントになるためには、調剤補助と同様に技術養成学校（TAFA collage）や薬局経営者団体（the Guild）で提供されているコースにより薬局　証明書Ⅱ、ⅢおよびⅣ（Certificate II / III / IV in Community Pharmacy）や病院・薬局での保健サービス　証明書Ⅲ（Certificate III in Hospital/Health Services Pharmacy Support）の取得が必要である。

南太平洋地区で､テクニシャンを養成しているのはオーストラリアのみであり、ニュージーランドを含む他の南太平洋地域からも留学生がいるほどにオーストラリアのテクニシャン制度は国際的にも信頼性が高いものとなっている。

なお、薬局における薬剤師との勤務比率は、州の規定により定められている所もあるが､規定がない州に対して薬剤師会(PSA)の方針では､薬剤師 1 名に対し、調剤補助 2 名までと定めている。

## 薬剤師養成教育

### 1. 学部の教育年限

オーストラリアにおける薬学部の数は17 校である。薬学部の数については、多すぎるという批判もあり、薬剤師の質の低下を懸念する声も高くなってきている。しかしながら、多くの薬学部では、アジア太平洋地域からの留学生が増えており、オーストラリア向けの薬剤師養成よりも「薬剤師」の輸出を念頭においた学部経営をしている薬学部も散見される。ただし、外国向け薬剤師の養成を目的としても、薬学教育は、多少の独自性は認められているものの、コアカリキュラムのもと連邦全土で統一されている。

オーストラリアの薬学部に進学するには、高校において数学や化学などの特定の科目を履修する必要がある。また、生物、物理も履修することが望ましいとされている。もちろん、英語のスキルも求められている。各大学において入学基準としてATARスコア（Australian Tertiary Admission Rank）と呼ばれる相対的な学力を示すスコアの最低数値が定められている。

卒後の修士課程もあり、2年間を要する。薬学修士課程への申請は、生理学、化学、生化学、ヒト生物学、薬理学、および数学を含む各単位履修と平均以上の成績を修め、学士号を取得する必要がある。大学によっては医科大学院入学試験（Graduate Australia Medical Admissions Test：GAMSAT）または、医科大学入学試験（Medical College Admission Test：MCAT）の試験結果について一定のレベル以上の成績を求められることもある。

オーストラリアの薬剤師としての資格を得るためには、医療従事者規制機関（Australian Health Practitioner Regulation Agency：AHPRAと以下略）の薬学評議会（Pharmacy Board of Australia　以下、「薬学評議会」と略）へ登録される必要がある。薬学評議会への登録申請要件は、薬学学位を取得後のインターンシップ（≒実務実習＋研修プログラムの受講）と、認定試験への合格である。

薬学生は学位習得前にまず、薬学評議会へ仮登録を行い、協議会が承認している実習先施設（指導薬剤師）を選び、認証プロバイダ（薬剤師会（PSA）など）のインターン研修プログラムに登録する。学位習得後、犯罪歴のチェックが行われ、地域において、指導薬剤師の管理下で1,824時間（1年間）のインターンシップを受け、以下の内容について知識と実務経験を習得しなくてはいけない。

- 薬物治療の評価（medication review：薬剤服用歴管理記録）の実施
- 処方薬、OTC医薬品、補完医療に関するアドバイスの提供
- 調剤業務
- エビデンスに基づく実習
- 法的な実習

- 問題解決
- 健康被害の最小化と健康増進

インターンシップ完了後、（薬学評議会に代わり薬学教育および実習を認定している）薬学認定協議会（Australian Pharmacy Council：APC と以下略）が実施する記述試験への合格の後に、AHPRA が行う口頭試験への合格をもって、薬学評議会への一般登録申請を行うことができる。薬学評議会の登録をもって薬剤師として従事することができる。なお、海外の薬剤師は、APC の海外薬剤師向け試験を受け、薬学評議会への登録が必要だが、ニュージーランドの薬剤師は APC の試験が免除される。

## 生涯教育制度の実情

2010 年から、薬剤師を含む医療提供者（現在は13 職種の専門職が対象）の登録システム（National Registration and Accreditation Scheme：NRAS と以下略）が導入された。AHPRA が、NRAS を管理し、各専門職の国家委員会に行政支援を提供している。NARS 登録を継続させるためには、毎年の更新が必要であり、更新の条件として定められた単位数を取得するための継続専門教育（Continuous Professional Development：CPD）を受講しなければならない。したがって、薬剤師の薬学評議会への登録継続のためには、プロバイダにより提供されている薬剤師向けの CPD プログラムの受講・活動が必要である。薬剤師に対する CPD 必須単位は、2015 年 12 月より、常勤・非常勤などの勤務体系に問わず 1 年間で 40 単位が必要である。単位取得の上限は決められていない。毎年 10 月 1 日から翌年の 9 月 30 日までに取得した CPD 活動に対する単位を申請することができるが、取得した単位の翌年への繰り越しは不可能である。CPD 活動内容により３種類に分類されている（グループ 1 ～ 3）（表 14）。各グループをバランスよく取得しなければいけない。したがって、個々の薬剤師の学習ニーズや実習範囲によっては、必須単位以上の取得が必要なケースもある。

受講方法は座学（対面）、オンライン、出版物などさまざまな方法が選べるようになっている。AHPRA へ申請した単位数は、薬剤師自身も記録管理してお

## 表14　CPD プログラムの分類

グループ／単位／キーワード／例など

| | |
|---|---|
| グループ 1 | 評価（アセスメント）なしで得る情報：1 時間につき、1 単位を取得<br>キーワード：講義形式で参加者同士のやりとりが、ほとんどまたは、全くない活動<br>更新要件を満たすために必要な 40 単位／年のうち、グループ 1 は 20 単位取得していること<br>• CPD プレゼンテーションへの参加又は聴講<br>• 会議やセミナーへの出席<br>• ジャーナルの読解<br>• 外部の批評に備える<br>例：Australian Council on Healthcare Standards（健康管理基準審議会）<br>Quality Care Pharmacy Program（質の高い医療薬局計画）<br>• 患者ケアをサポートするための問題の調査研究 |
| グループ 2 | 評価（アセスメント）された知識やスキルの向上：1 時間につき、2 単位を取得<br>キーワード：参加者の知識やスキルの習得が証明されている活動。<br>たとえば、何らかの評価に合格したことによって達成される。<br>活動は、参加者の継続専門教育の目標の達成度の測定と、評価（アセスメント）において成績のフィードバックを提供する。<br>更新要件を満たすために必要な 40 単位／年のうち、グループ 2 またはグループ 3 もしくは、この 2 つのグループの取得単位の合算で 20 単位を取得していること。<br>• CPD の実施、一定の基準による公式な評価<br>例：オンラインで履修単位に対する複数の選択肢の質問や他の評価方法<br>教育イベント<br>専門誌の読解<br>• 評価または試験よる資格認定の取得<br>• 公式な大学院過程の受講<br>• 相互学習ワークショップへの参加<br>• ケーススタディの実施例：National Prescribing Service（NPS MedicineWise）<br>• 調査研究、認定学習活動の準備<br>• 成績、問題管理能力、知識を実証するための活動に関する記録や反省の記録の維持 |
| グループ 3 | 質・実践の充実の促進：1 時間につき、3 単位を取得<br>キーワード:特定の活動（教育）前に、従来の実務（個人として、または薬局における）の評価、および、実務の変更の必要性や変更に対する障壁への活動が実施される。その結果、活動によってもたらされた実務への変化や成果が評価され、活動後に必要な継続専門教育（活動）が特定される。このような活動は、数週間または数ヶ月に及ぶことが多い。<br>活動がグループ 3 であるか否かを判断するには？<br>• 実務に変化をもたらした活動か<br>• 他の開業医の知識を向上させる活動か<br>• 向上したい実務の現在のレベルが評価されているか？<br>• 活動結果が定量化または測定できるか？<br>更新要件を満たすために必要な 40 単位／年のうち、グループ 2 またはグループ 3 もしくは、この 2 つのグループの取得単位の合算で 20 単位を取得していること。<br>• 測定可能な実務の変化をもたらす教材を準備、提供<br>• 実務の変化やそれを裏付けるプレゼンテーション（論文またはポスター）の実施<br>• 実例に沿った実務への変化と成果を示す論文の審査のある専門誌への掲載<br>• 使用薬のレビュー（講評・評価）（HMR）、サービスの手順 / 基準または研究計画を改善するための手続きの再設計など、職場の品質の向上を導き、実務を向上させる活動の提供<br>• 調査研究、家や外部での継続教育のための学習用資材の作成、提供、出版の実施<br>•（職場において）National Prescribing Service への協力や薬局実務の評価（Pharmacy Practice Reviews）を実施し、実務の円滑化をはかる<br>• 特別な分科会（利権団体）に積極的に関与し、実務への変化を実証 |

く必要がある。稀に AHPRA より、CPD プログラムを提供したプロバイダへ照会が抜き打ちで行われることがある。

薬剤師向け CPD プログラム提供プロバイダは、薬剤師の組織またはその他のプロバイダで提供されている。以下に CPD を提供しているプロバイダと CPD プログラムの特徴などを示す。

### オーストラリア病院薬剤師協会（The Society of Hospital Pharmacists of Australia : SHPA）

CPD を最優先事項としており、会員、非会員に問わず、高品質で最新かつ多様な内容を配信して、教育の機会が得られるように提供している。SHPA が提供している CPD は、以下の通りである。

- Medicines Management National Annual Conference：医薬品管理に対する全国年次会議
- セミナー、オンラインセミナー、シンポジウム
- eCPD：オンライン学習ポータル
- ７ヵ所の支部が開催する CPD
- shpaclinCAT：SHPA clinical Competency Assessment Tool の略臨床におけるコンピテンシー（能力・適格性）を評価するツール（枠組み）
  - ・薬局実務の基準と整合性を高める
  - ・薬局実務に対する質の保障の提供
  - ・システムと過程の不備の確認
  - ・薬剤師に対する専門教育の必要性の確認
  - ・Journal of Pharmacy Practice & Research：薬局実務・研究に関する専門誌

また、SHPA では CPD 記録ツールも提供している。記録ツールでは、薬学評議会への登録継続のための要件を満たすために、すべての CPD 活動の記録の管理ができ、他のプロバイダが提供している CPD やオンラインで受講した CPD などの記録もできること。自動で取得単位数と申請可能な単位数が計算されることなど、サポート機能が充実している。

**オーストラリア薬剤師会（PSA）**

PSA が提供する CPD プログラムはもっとも認知されている。PSA では薬剤師だけではなく、インターン、薬局スタッフも含めて薬局に関わるすべての職種に対してのトレーニングを提供している。

薬学評議会への登録継続要件を満たすために CPD 計画を提供しており、記録だけではなく、個々の薬剤師のコンピテンシー（能力・適格性）やキャリア、目的や到達目標に合わせて年間の CPD 活動を計画するサポートを行っている。提供している CPD 活動は、臨床から非臨床、資格、人口統計、任務に関するものまで多岐に渡り、以下に示す方法で提供されている。

- Annual Gold Questionnaire：年次ゴールドアンケート
  オーストラリア全域における新薬および薬剤師にとって重要かつ関連性のある情報を最新の状態に更新している CPD 学習ツール。数十年にわたり使用されている。
- 混合型学習
  たとえばオンライン学習と対面型学習を組み合わせた学習など
  現在２１種類のタイトルが提供されている。テーマは効果的な職場の人間関係の管理や、応用研究について、戦略的計画、実務実習の改善など多岐にわたる内容である。活動種類は、グループ2に限られるが、取得単位は７～１００と幅広く設定されている。
- 対面型学習
  各支部などで開催される臨床会議、セミナーや実践参加型のトレーニング、小グループでのワークショップなど、ワークショップでは、主に講師が中心になってコミュニケーションスキルの向上を目指した研修が提供されている。通常、病院や薬局で実務経験を積んだ講師が提供しているが、PSA で講師育成も行っている。
- オンライン学習
  現在３４種類のタイトルが提供されている。テーマは症例研究から倫理、バイオシミラー医薬品まで多岐に渡る内容である。活動種類は、グループ2に限られるが、取得単位は0.5～36と幅広く設定されている。

- 印刷物：Australian Pharmacist CPD

  現在150種類を超えるタイトルが提供されている。

  テーマは臨床に関して、疾病の治療薬や補完的治療方法などがある。活動種類は、グループ2に限られるが、取得単位は0.5～15と設定されている。
- 印刷物：Essential CPE：必須研修

  現在４種類のタイトルが提供されている。内容は、喘息、２型糖尿病治療薬、女性の健康、うつ病と不安。活動種類は、グループ2に限られるが、取得単位は8～12に設定されている。
- 印刷物：Self Care inPHARMation：会員向け月刊誌

  新しい医薬品に関する情報の他、クイズ形式の問題が掲載されており、薬剤師だけでなく、アシスタント向け問題も掲載されている。問題に対する回答は、インターネットで送り、CPD実施の確認や単位取得だけではなく、景品も付与され、参加のモチベーション向上につながっている。
- 録画された講義

  現在49種類のタイトルが提供されている。テーマは臨床に関して、喘息の対応、疼痛緩和、妊娠授乳婦に対する薬物使用、失禁に対する対応からバイオシミラー医薬品まで多岐にわたる内容である。活動種類は、グループ2に限られるが、取得単位は1～3に設定されている。

**The College（Australian College of Pharmacy：ACPと以下略）**

1978年に設立されたプロバイダである。ACPが提供しているCPD活動は、「患者ケア」「ビジネスと人材育成」「調剤技術」に３ジャンルに分けられている。「患者ケア」では、内分泌や小児、女性の健康、疼痛管理など、16種類のタイトルで提供されている。「ビジネスと人材育成」では、財務管理、人事、リーダシップ、マーケティングなど、１２種類のタイトルが提供されている。「調剤技術」では、遺伝子検査、コスメケア、無菌調剤など、６種類のタイトルが提供されている。

ｅポートフォリオでは、個人に合わせた学習の必要性の分析と、どのコンピテンシーに対処する必要があるかを特定し、学習目標を達成するための方法が決定される。そして、CPD活動の評価と記録も行われる。また、CPD認定のための刊行物として、４種類の専門誌が発刊されている。

### オーストラリア薬局経営者団体（PGA）

PGA が提供している CPD は、全国組織では、禁煙支援、C 型肝炎、ジフテリア・破傷風・百日咳、アセトアミノフェンとイブプロフェンの併用など臨床に関連した４２種類のタイトルがオンラインによって提供されている。８つの支部では、各支部において、臨床から非臨床（ビジネス）まで多岐にわたる内容で、ワークショップ、会議やセミナー、ウェブセミナーや E-ラーニングなどの方法で CPD のプログラムが提供されている。支部で提供しているワークショップには使用薬のレビュー（講評・評価）（HMR）やメンタルヘルスに関するプログラムがある。僻地では遠隔教育などを取り入れるなどの工夫もされている。開催時間についても、夜間の短時間から半日、終日を有するコースまで幅広く設定されている。

### NPS Medicines wise（National Prescribing Service）

NPS MedicineWise が提供している CPD は、オーストラリアの薬剤師を対象にして無償で提供されている。CPD の種類は以下の通りである。

- 講座　CPD 単位の取得できるものは限られている
  CPD 単位の取得対象となっている講座は、グループ2に属し、２単位（1時間）が取得できる。
  例：「連邦保健省が管理している薬品を含むすべての治療用製品の管理（Therapeutic Goods Administration：TGA）への有害事象報告について」、「喘息患者への吸入指導」など
- 症例検討　グループ1に属し、1単位（1 時間）が取得できる。
  例：「スタチン」、「抗うつ薬」、「COPD」など
- 専門誌の読解　グループ1の1 単位（1時間）または、グループ2の2単位が取得できる。
  例：「家庭における血圧の測定」、「授乳中の薬」など
- 薬局実務におけるレビュー（講評・評価）
  アドヒアランスや過敏症・副作用の症状の評価を行う記録（講評）を行うことにより CPD の単位を取得することができる。薬局実務における CPD の種類はグループ３に属し、記録（講評）の症例数や時間により取得でき

る単位数は異なる。最短コースでは5症例で15単位（5時間）、基本コースでは10症例で24単位（8時間）を取得することができる。
例：「スタチン」、「COPD」、「抗うつ薬」に対してなど

各々のテーマに対して症例検討と専門誌の読解、薬局実務でのレビューと各々のCPDプログラムが関連して総合的に学べるように構成されている。

## まとめ

オーストラリアは、冒頭でもふれたとおり、医療制度においても、米国とヨーロッパのハイブリットであること、NPS MedicineWiseによる医薬品および医療技術などへの調査において、健康増進だけではなく、経済効果が考慮され、活用されていること、薬剤師のみならず、調剤補助者やアシスタントも含めた薬局従事者に対する職能の区別と教育システムが確立されていることが特徴といえる。

大学や薬剤師会より、薬局においてプライマリケアの担い手となるための資材や教育プログラムも豊富に提供されており、一般用医薬品を用いた軽医療介入のプロトコールも整備され、薬局において保険調剤のみならず、一般用医薬品やサプリメントなどを活用した健康相談の応需体制が整っていることがうかがえる。

このような教育プログラム・資材は、実践的であり、薬剤師および薬局従事者のレベル向上（ボトムアップ）に役立っており、薬局の質の向上に直接的に貢献しているといえる。

また、異文化大国とよばれるオーストラリアの国の特徴である文化背景や宗教、人種の異なる人に合わせ、合理的にプログラムや資材が作成されており、他の国の言語に翻訳してもすぐに活用・使用が可能であり、資材だけでなく、教育プログラムそのものを輸出することが可能である。実際にオーストラリア薬剤師会のCPDプログラムや一般用医薬品を用いた軽医療介入について日本でオーストラリアの薬剤師を講師として招き、研修会が開催された実績もある。

## 参考資料（50音順）


・Australian College of Pharmacy (ACP)：www.acp.edu.au
・Australian Health Practitioner Regulation Agency (AHPRA)：https://www.ahpra.gov.au/
・Australian Pharmacy Council：https://www.pharmacycouncil.org.au/
・Australian Prudential Regulation Authority (APRA)：http://www.apra.gov.au/
Private Health Insurance > Publications> Private Health Insurance Membership and Coverage ( June2017)
・Department of Health：http://www.tga.gov.au/
・NPS Medicines wise：www.nps.org.au
・pharmacy board of Australia：http://www.pharmacyboard.gov.au/
・Frequently asked questions - Continuing professional development for pharmacists and pharmacy interns -
・Pharmaceutical Society of Australia (PSA)：www.psa.org.au
・Sixth Community Pharmacy Agreement：Australian Government Department of Health
・The Pharmacy Guild of Australia：https://www.guild.org.au/
・The Society of Hospital Pharmacists of Australia (SHPA)：www.shpa.org.au
・医療保障における政府と民間保険の役割：理論フレームと各国の事例　財務省
https://www.mof.go.jp/pri/publication/financial_review/fr_list6/r111/r111_02.pdf
・外務省　オーストラリア連邦：http://www.mofa.go.jp/mofaj/area/australia/index.html
・厚生労働科学研究費補助金　医薬品・医療機器等レギュレトリーサイエンス総合研究事業諸外国におけるセルフメディケーション・ＯＴＣ販売に関与する専門家の役割及びトレーニングの状況調査に関する研究（平成22年度総括研究報告書）　研究代表者　坂巻弘之　平成23年5月
・財務総合政策研究所　「主要諸外国における国と地方の財政役割の状況」報告書　平成１８年１２月２６日　第４章　オーストラリアにおける連邦・州・地方の役割分担　執筆担当者：橋都由加子（前・財務総合政策研究所研究員（現・東京大学大学院経済学研究科））
http://www.mof.go.jp/pri/research/conference/zk079.htm
・在日オーストラリア大使館：http://japan.embassy.gov.au/

第５章

# イタリア

小林大高（東邦大学）
飯島裕也（イイジマ薬局）

## 医療制度の概要

### 1. 医療制度

イタリアの公的医療制度は 1886 年の救済共済組合法（Mutuo Soccorso）にさかのぼり、広範な社会扶助制度の一部として誕生した。その後、1978 年に国民保健サービス法（SSN 法 :Servizio Sanitario Nazionale）が制定されるまでは、共済組合が医療扶助制度の中核にあり、社会保険方式による医療給付が行われてきた。しかし、この SSN 法の制定によって、英国の NHS（国民保健サービス）を範とする税方式による医療保健制度が稼働することになり、19 世紀末から労働者の健康を支えてきた共済組合の役目は終わるはずであった。ところが利害関係の衝突などもあって、SSN 法の完全施行は遅々として進まなかった。そのような制度的な混乱期を経た 1990 年代、イタリア政治に大きな政治変革のうねりが広がり、合理的な政治判断ができる政治環境が整うことになる [1)2)]。医療制度の充実がイタリアを豊かにするという政治的な判断が下され、1978 年の SSN 法の理念が再評価されることになったのである。1992 年の医療基金の設立と全国医療計画制定を皮切りにして SSN の具現化が進み、1999 年 6月19日の委任立法229号を経て、税方式によるSSNがイタリア全土にわたって完全実施されるに至った [1) 2)]。

イタリアの医療水準及び健康水準は、OECD 平均と比較して高い水準を維持している。たとえば、2014 年の OECD 資料 [3)] によれば、平均余命は、82.3 才で、加盟国中の第 5 位であり、プライマリケアーの質的充実度の指標となる「肺疾患による入院率」は、OECD 諸国中でもっとも低いグループに分類される。このように高い医療給付を実現していながら、費用を低く抑えているのもイタリアの医療制度の特徴であるといわれ、周辺国の住民 1,000 人当たりの医療費が、ドイツ USD4,650、オーストリア USD4,593、フランス USD4,121 に対して、イタリアは USD3,027 に抑えられている[3)]。ただ、この費用負担については、南北格差によって生まれているという指摘もあり、手厚い社会保障制度が準備される北部イタリアと、家族主義に裏打ちされた共助の精神を基盤とする南部イタリアでは、医療給付の実態に大きな差が存在しており、南部の医療給付水準が北部並みに増加してくると、医療費も隣国並みに膨れ上がるといわれる。つまり居住地域によって医療給付水準に違いがあるということである。このような南北イタリアの地域間格差を可能としているのは、イタリアの医療保健制度が、理念上は平等の原則を貫いていながらも、実際には、州の独自性を認める制度となっているところに起因している[1)]。いわゆる「補完主義」という考え方である。仕組みとしては、国の定める「全国保健計画（Piano sanitario nationale; PSN）」という医療給付の最低基準にしたがって、各州 (Regione) が独自に経済・社会・保健などさまざまな地域事情を反映させた「州保健計画（Piano sanitario regionale；PSR）」を立案し、州内完結型の保険給付プログラムを運営するという仕組みになっている。

政府は、PSN を 3 年ごとに策定し、全国に及ぶ医療給付の最低基準である給付必須基準（Livelli essenziali di assisteza：LEA）を定めることになっている。各州は、この PSN の施行を受けて 150 日以内に LEA を満たす条件の PSR を策定する。地域医療の現場にあっては、市町村レベルに位置するコムーネ（地域）ごとに設置されている地域保健公社（Azienda sanitaria locale:ASL）が、この PSR にしたがって策定する地域実施計画（Piano attuativo locale；PAL）などによって具現化され、地域における具体的な医療サービスの内容を明らかにし、この計画に基づいて地域の医療機関と契約をするという段取りになっている。

ASL は、州政府の管轄ではあるが、極めて自律性が高く、また、独自策定された PAL に基づいて運営されている。したがってその計画に予算上の無理が生じれば、経営収支が赤字となることも予想される。このような場合には、州政府が調整することになっている。なお、ASLの運営費用を含めた SSN の財源は、州の間接税である生産活動税を中心に、直接税である個人所得税などがあてられる。

なお、州によっては、医療給付に際して、独自の利用者負担をもとめることによって、ASL に独自の財源をもたせることもできるようにしている。これは、利用者に医療費を意識させるためとされており、費用抑制を目的とした施策として知られている。したがって、薬局関係でいえば、州によっては、薬剤給付が無料の州もあれば、最低限の自己負担を強いているところもある。また、後述するように、イタリアでは、「かかりつけ医」制度が徹底されているが、この「かかりつけ医」の初診時に支払う負担金などにも州によって差異が認められる。このように州の独自性が発揮されているのがイタリアの医療制度である。

## 2. かかりつけ医を基本とする医療給付

イタリアの医療制度は、イギリスの GP 制度を範とするかかりつけ医制度が基盤となっている。イタリアでは、かかりつけ医は、地域住民 1,500 人を限度として担当することができるとされ、2009 年の平均値は、かかりつけ医ひとり当たり 1,134 人という報告[4)]がある。この平均値は、同じ報告によれば、2001 年から 2009 年までの間で 3.4%増加しているとあり、プライマリケアーの需要が増加していることがうかがえるとしている。

かかりつけ医は、地域住民の自由意志によって選ばれ、住民が SSN の登録申請をする際に、ASL にかかりつけ医を指定することになっている。かかりつけ医が指定されると、SSN の枠組みでは、原則として、このかかりつけ医の診察を受けることになる。眼科、耳鼻科などの専門医の診断治療、高度専門医療を提供する病院の入院治療など受ける場合にも、必ずかかりつけ医の指示が必要となる。いいかえれば、かかりつけ医が必要と判断しなければ、専門医療へのアクセスが開かないということである。専門医療へのゲートキーパーとして、かかりつけ医が日常診療において医療ニーズの交通整理をしているということになる。

具体的には、かかりつけ医が、処方せんと同じ様式の指示せんに必要と認めた医療サービスを記入することで、専門医療の扉が開けられる。患者はこの指示せんをもって、ASL の提携する医療予約センター（Centro Unico di Prenotatione: CUP）に赴き、医療サービスの予約を確定することになる。CUP では、指示せんに記載された医療サービスを端末に入力し、地域内で供給される当該サービスの全予約状況と患者の希望とを調整しながら、予約を確定する。ここで、患者の希望する医療機関を選ぶこともできるが、一般に、待機日数が長いことが知られており、希望の医療機関を選んでいたら診察を受けるまでに数か月を要することも想定される。したがって、治療を急ぐのであれば、医療機関を選ぶ余地はほぼないといえる。

なお、緊急性のある疾病・外傷などの治療にあっては、救急外来を受診することもできる。しかし、我が国のように、安易に救急外来を使うというような状態にはない。これは、緊急性のない救急外来の利用に際しては、負担金を徴収しているからという解釈もある。

## 薬剤給付と薬価制度の概要

イタリアのSSNは、地方が主体的に医療給付の内容を決めることができると先述した。薬剤給付についても同様であり、州ごとに給付水準や処方せんの取扱い等に違いがみられる。北部の財政的に恵まれている一部の州では、原則無料で薬剤給付がなされているが、一般的には、多くの州で負担金を課している。しかし、負担を課している州であっても、州ごとにその負担の在り方に差異があり、処方せん1枚ごとに負担金を課す州もあれば、処方医薬品ごとに負担金を算定する州もあり、負担金の額もさまざまである。したがって医療機関の発行する処方せんは、原則として州内完結であり、多くの場合において、州をまたいで利用できない。リピート調剤についても、州によって取り扱いが異なり、回数制限のある州もあれば、期限内有効方式をとる州もある。

しかしながら、薬剤給付対象となる「医薬品の価格」は、公定価格制を採用しており、国内で統一された価格で給付されることになっている。価格の決定は、イタリア医薬品庁（AIFA: Agenzia Italiana del Farmaco）と製薬企業の個別の交渉によって決定され、こうして決定された公定価格表は原則として年1回改定される。

AIFAは、SSNの薬剤給付という観点から医薬品を**（表15）**のようなカテゴリーに分けており、薬剤給付対象となるのは、このなかでClass AとClass Hのみである。ただし、薬剤給付対象外と判断されたClass Cであっても、各州の個別の判断によって薬剤給付対象とすることも可能である。州の判断とい

### 表15　医薬品の薬剤給付分類

| カテゴリー | 給付対象 | 給付機関 | 価格 |
|---|---|---|---|
| Class A | 薬剤給付対象 | 薬局 | 公定価格 |
| Class H | 薬剤給付対象 | 病院 | 公定価格 |
| Class C | 全額自己負担 | 薬局・病院 | 自由価格 |

### 表16　公定マージン

| | 公定マージン | 備考 |
|---|---|---|
| 製薬企業 | 66.65% | ※ここ10年の傾向として、製薬企業のマージンは据え置き、医薬品卸はほぼ半減、薬局は5%程度増。医薬品卸の値引きはほぼ不可能な状況になった。 |
| 医薬品卸 | 3% | |
| 薬局 | 30.35% | |

う点でいえば、上記のClass AとClass Hについても同じであり、州ごとに薬剤給付リストを策定することが可能な制度となっているので、州によっては、Class AとClass Hに分類されている医薬品といえども、給付から外されることもないわけではない。各州は、給付対象となる医薬品リスト（Prontuario Farmaceutico Regionale (Regioneの場合もある)）を作成する権限を有しているからである。なお、国が策定するSSN給付対象医薬品リストは、Prontuario Farmaceutico Nationaleとよばれ、Class AとClass Hが掲載される。なお、給付対象とならないClass Cについては、製造業者が自由に価格を設定する。

薬剤給付の対象となる医薬品の公定マージンは、法律（n.662/96及びn.122/2010)によって定められており、(表16)の通りである。外来調剤によって購入される医薬品の価格は、以下の計算式によって決定される。

**小売価格** ＝ **出荷額** ＋ **公定マージン** ＋ **付加価値税**（10%：通常22%だが、医薬品は軽減税）

### 表17 薬局分類別のSSNへの割引率

| | 都市型薬局<br>過疎地型薬局（補助金なし） | | 過疎地薬局（補助金あり） | |
|---|---|---|---|---|
| 医薬品の<br>価格 € | SSN 請求額＞<br>300,000 € | SSN 請求額＜<br>300,000 € | 補助金＋SSN<br>請求額＞<br>450,000€ | 補助金＋SSN<br>請求額＜<br>450,000€ |
| 0 ～ 25,82 | 3,75%+2,25% | 1,5% | 3,75%+2,25% | 1,5% |
| 25,83 ～ 51,65 | 6%+2,25% | 2,4% | 6%+2,25% | |
| 51,66 ～ 103,28 | 9%+2,25% | 3,6% | 9%+2,25% | |
| 103,29 ～ 154,94 | 12,5%+2,25% | 5% | 12,5%+2,25% | |
| 154,94 以上 | 19%+2,25% | 7,6% | 19%+2,25% | |

上記の小売価格がSSNの請求価格と考えるのが普通であるが、薬局は、薬剤給付の請求に際して、法律に定められた割引をすることになっている（表17）。小売価格から割引した額を請求することになる。これは、SSNは薬局にとって最大の顧客であるという発想から導入されたものである。また、表中にある＋2.25%は、2012年から法律（n.122/2010）に定められた追加割引料率であり、2018年1月18日改定されて＋2.25%となった。Federfarma（薬局経営者協会）は、SSNへの割引は拡大するばかりであり、薬局の経営状況は厳しいものになっていると主張している[6)]。なお、この割引料率には薬局の立地が考慮されており、過疎地に立地する薬局に対しては、その公共性と厳しい収益性を斟酌した低料率が適用されている。

なお、一般用医薬品は、2008年1月から販売価格を自由に決定できるようになった。それまでは、イタリア国内統一の価格で販売されていたが、現在は、薬局や薬店が競争原理の下で自由に販売価格を決定している。この背景には、2006年に実施された医薬品販売の規制緩和政策がある。詳細は、「医薬品販売制度と薬局（P.101 ～）」にて後述するが、それまでは医薬品販売を薬局にしか認めてこなかったモノポリー政策を緩和し、パラファルマシー（Parafarmacia：薬店）という新たな医薬品販売セクターを設けることで、薬局が中世以来保持し

**表 18　一般用医薬品の分類**

| カテゴリー | 広告規制 | 価格制度 | SSN |
|---|---|---|---|
| **OTC** | **広告宣伝できる** | **自由価格** | **患者自己負担** |
| **SOP** | **広告宣伝できない** | **自由価格** | **患者自己負担** |

てきた医薬品専売権に風穴を開けた。この規制緩和によって、総合物流業者が医薬品販売に競って参入し、価格競争が激化すると予想され、販売価格も自由化されるに至ったのである。また、同時に、一般用医薬品の広告宣伝の可否も検討され、（**表18**）に示したように、広告宣伝の可否によって医薬品を分類した。

広告宣伝が認められないSOP医薬品（Senza Obbligato di Prescrizione：「処方せん義務なし」という意味）は、いわば薬剤師の介入が予定されている医薬品と解釈してよく、販売場所の規制緩和を進めながらも、医薬品販売の現場では、専門家である薬剤師の介入を守ることで、結果的には、薬剤師の職域を守ったといえる。広告宣伝の可能なOTC医薬品は、消費者の自己判断で購入する指名販売も可能であるが、広告宣伝がないSOP医薬品の場合には、知名度のない製品が多く、結果的に、専門家に助言を求めることになる。そしてこの専門家に薬剤師が必要だという論法である。パラファルマシーを含め規制緩和で医薬品販売が可能となったスーパーマーケットなどの量販店も、この論法によって薬剤師の常駐義務が課されることになり、薬局の専売権は失うことになったが、薬剤師による専売権を手放さずに済んだ。これは、実質的に薬剤師の思惑通りになったといえる。

## 医薬品販売制度と薬局

### 1. 医薬品販売の規制緩和と薬局

イタリアの医薬品販売セクターは、先述したように2つある。ひとつは薬局であり、処方せん調剤も含めた医薬品販売すべてに責任を負う。もうひとつは、先述したパラファルマシーであり、処方せん医薬品は扱わず一般用医薬品のみを扱う医薬品販売セクターである。

パラファルマシーは、経済学者であったロマーノ・プロンディ（Romano Prondi）が首相を務めた第2次プローディ政権下で、ベルサーニ経済開発大臣（Pier Luigi Bersani）の掲げる目玉政策のひとつとして2006年に導入された。それまでは薬局のみでしか医薬品販売をできないとしてきたが、2006年7月4日に発令されたベルサーニ・ヴィスコ令（Decreto Bersani-Visco:n.223）によって、商業施設であっても薬剤師が常駐し、実地に管理する条件が整えば、クラスCに分類されるOTC医薬品とSOP医薬品の販売が認められた。これによって、1240年の「フリドリッヒ二世の医薬分業令」以来、かたくなに守られてきた薬局の医薬品独占販売権にくさびが打ち込まれ、薬局は大資本企業体と、医薬品販売において市場競争原理の下で戦わなければならなくなった。パラファルマシーの出現によって、薬局と薬剤師の認識は大きく変わったといわれている。旧態依然とした薬局業務では、価格競争で絶対的に不利な立場にある薬局にとって勝ち目はどこにもないと自覚し、新たなサービスを積極的に導入する薬局が増えた。その意味では、中世の伝統に守られてきた薬局の意識改革のための起爆剤となったといえ、それ以降、イタリアの薬局はさまざまな改革に着手している。

パラファルマシーは、2006年の導入時、約2,500軒の登録であったが、Federfarmaからの情報提供[7)]によると、2017年末で6,255軒にまで増加し、この10年で倍増しているとのことである。これに対して薬局数は、ここ10年でほぼ横ばいである。しかし、これは、薬局設立には、距離制限や住民数などの厳しい制限があり、薬局開設が容易でない事情によるものである。パラファルマシーの導入にあっては、厳しい薬局開設制限が、若手薬剤師の職業選択の自由を制限しているという世代間対立もあったといわれており、ここ数年の急増傾向は、そうした不満の解消という形で、若手の薬剤師がパラファルマシーに就業している実情もある。Federfarmaは、若手薬剤師が経験も積まずに、医薬品販売の責任者として店頭にたつことに危機感をもっており、職能教育の充実によって若手の人材育成に力をいれるように業界全体で認識を一にするよう求めている。

パラファルマシー増加の最大の原因は、チェーン展開が可能な形態であり、自社ブランドをイタリアに広めたい大手ドラッグチェーングループの参入が相次いでいるからである。イタリアでは、法人開設しても薬局は4店舗までしか展開

### 表19 薬局数と薬局１軒当りの住民数の推移

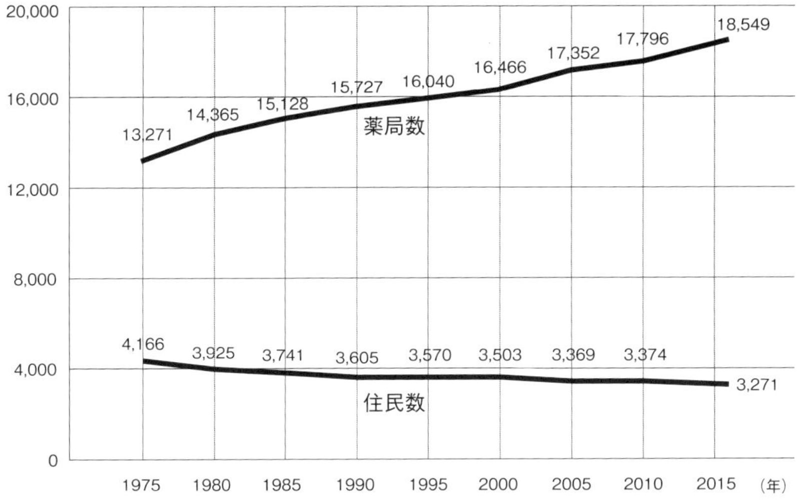


出典　La farmacia italiana 2016 Federfarma

できず、チェーン展開は不可能である。しかし、パラファルマシーは、薬剤師の常駐義務はあるもののチェーン展開を阻むものはなにもなく、将来的な薬局開設自由化を目論んだ大手資本が積極的な全国展開をしているといわれている。

なお、パラファルマシー増加のもうひとつの原因に、若手薬剤師の不満があるというのは先述した通りである。こうした不満を解決するために、厳しい薬局開設制限の緩和が進められている。それまでは薬局の経営状況を考えて、設置基準を厳しく分けていたもの（**表20**）を、2012 年に規制緩和し、現在では、イタリア全土の統一基準として3,300 人に１軒の薬局とした。地方でみれば、5,000人に一軒を 3,300 人に１軒としたのであるから、大幅な譲歩といえる。しかし、薬局開設完全自由化を求める声は依然根強い。今後の展開次第によっては、完全撤廃される可能性もなくはないが、現段階では、3,300 人規制を緩和するという議論は出ていない。

2016 年現在であるが、薬局は 18,549 軒ある（**表19**）。これは、住民 3,271人１軒の割合で設立されていることになり、先の住民 3,300 人ルールを満たし

**表 20　薬局の設立区分と実数**

| 設立区分 | 薬局数 | 備考 |
|---|---|---|
| **民間薬局** | **16,893** | 開設形態は、以下の３つの形態がある。１)薬剤師が単独で開設する。２）複数の薬剤師による共同所有３）薬剤師によって設立された「協力会社」 ただし、いずれの形式であっても薬局の開設は同じ州内に限られ、また４つの薬局までしか展開できない。 |
| **公設薬局** | **1,656** | 開設できるのは、地方公共団体のみであるが、経営権は法人に譲渡することができる。大手資本によるフランチャイズ化が進んでいる。 |
| **合計** | **18,549** | |

出典　La farmacia italiana 2016, Federfarma

た状態で分布していることになる。薬局の経営は、公営薬局と民営薬局の２つがあり、民営には次の3形態が許されている。

1．自然人たる薬剤師の単独所有
2．複数の薬剤師による共同所有
3．薬剤師によって設立された協力会社

しかし、いずれの場合であっても、最大４店舗しか薬局を所有できず、また、州を越えて営業することは許されない。民営薬局は、18,549 軒中 16,893 軒であり、全体の 91%を占めている。ほとんどの薬局が民営薬局であり、上記の１～３の分類のいずれかにあたることになる。

他方、地方で採算性が厳しい場合や都市部であっても 24 時間営業が条件となるような場合には、経営を希望する薬剤師がいない場合もある。しかし、このような場合にも 3,300 人ルールは適用され、逆にいえば、誰かが薬局を設立しなければならない。結果として、収益を確保できない悪条件だと知りながらも、法律規定に基づいて地方自治体が公共の利益をはかるために公設薬局を設置しなければならない。こうした公営による公設薬局がイタリアには 1,656 軒存在している。公設薬局数は、ここ数年で微増傾向にあるが、地方公共団体としては、なるべく設置はしたくないというのが本音であり、薬局の運営権を海外資本のフランチャイズチェーンなどに譲渡してしまう例があとを絶たない。Federfarma や FOFI（イタリア薬剤師会）などは、公設薬局という名前を借りたフランチャイズチェーンの進出に危機感を募らせてはいるが、自らのガバナンスの範囲で薬局経営を志す者を出すことができない以上は、強く主張もできず、公設薬局の運営権譲渡によるチェーン化の流れには逆らえない状況である。

先に示したパラファルマシーの台頭とともに、公設薬局の運営権譲渡やフランチャイズ化の流れは、イタリアがこれまで培ってきた個人薬局の伝統を壊しつつあるといえる。

しかしながら、先述したように薬局を拠点とした新たなサービスに力を入れる薬局が増えているのも事実であり、個人薬局と薬剤師の意識を目覚めさせたともいえる。

## 2. 薬局の提供する新しいサービス

ナポリ薬剤師会会長のVincenzo Santagada氏(ナポリ大学教授)によれば、今日のイタリアの薬局の責務は、医薬品の安定供給を基本として、地域住民の健康増進を企図したプロモーション活動であり、薬局を拠点として地域保健に貢献することにあると説明される通り、ただ医薬品だけを供給していればよいという古いタイプの薬局像は過去のものとなりつつある。現代にあっては、血圧測定、血液検査（血糖値・コレステロール・トリグリセリド)、体重測定などの簡易測定サービスを提供し、場合によっては、検査結果などと関連させた「肥満防止のための栄養指導」、「禁煙指導」などを提供できるような知的インフラ整備に力を入れている。また、栄養指導を含めた生活指導には、栄養士、理学療法士、看護師などの他職種の協力が不可欠という考え方から、2011年から薬局を拠点にした専門サービスの給付が可能となった（2010年12月16日の委任立法(n.57/11及びn.90/11))。看護師配置の事例は、まだ一般的にはなっていないが、医薬品販売を中心に据えつつ地域社会を支える健康拠点として、介護・看護、リハビリテーションなどを提供する薬局もみられるようになったという[8)]。

このような専門サービス提供の根拠となったのは、2009年に制定された法律（n.69/2009）であり、以下のサービスを薬局が提供することが法的に整理されたことに始まる。その意味では、2009年というのは、薬局と薬剤師の新たな時代の始まりとなった年である[5)]。

**1．在宅介護サービス**

医薬品の居宅への配達が可能となった。これまで無料で実施されてきた調剤された医薬品の居宅配送を有料化できる根拠となった。州によって異なるが、配送料は、SSN から支払われ、患者負担はないというものが多い。

**2．疾病予防キャンペーンへの積極的な参加**

禁煙指導、肥満防止など生活習慣病など国民生活に密接にかかわる疾患を予防するための啓もう活動。理学療法士と協働で肥満防止やリハビリテーションを企図した運動療法なども提供している薬局もある。

**3．保健施設における調剤代行**

医療機関、老人福祉施設などの施設内の調剤を代行するサービス。この調剤代行という考え方の適用によって、調剤の定義に変更が加えられ、それまでは薬局という施設でしか調剤に従事できないという定義を変更し、保健サービスの一貫として実施する調剤については、薬局以外でも調剤ができるとした。これにより薬剤師は薬局外でも調剤ができるようになり、活動の範囲が広がった。

**4．医療機関の予約**

医療制度の項にあるように、専門医療、病院、検査などの受診が必要な場合には、かかりつけ医の指示せんをもって、CUP の予約窓口に赴き予約しなければならない。この CUP の予約窓口を薬局が受託することができるとした。

**5．医療機器のレンタルサービス**

医療機器のレンタル仲介を薬局ができるようにした。それまでは、医療機関など遠方の施設に借り受けに出向く必要があり、レンタルするまでに時間がかかっていたが、薬局が仲介することにより迅速にレンタルできるようになった。

**6．簡易な血液検査（患者自身の判断による）**

患者が自ら検査をするという立て付けではあるが、薬局内で簡便な血液検査を実施できるように明記し、健康増進・重症化予防のための助言機能を薬局に担わせるようにさせた。

このなかでももっとも国民生活へのインパクトが大きかったものが、「医療機関の予約」窓口 CUP の設置である。先述したように、イタリアでは、かかりつけ医が専門医療へのゲートキーパーの役割を担っている。専門医療などへのアクセスには、かかりつけ医が必要と認めた専門医療などが指示された指示せんが必要であり、患者は、この指示せんをもってCUPの予約窓口に赴き、指示された専門医療を予約する。しかし、以前は、ASLや公立病院にしかCUPの窓口が設置されておらず、予約をとるための移動だけで30分程度の時間を見込まねばならなかった。CUPに到着してからの待ち時間も考えると、予約するためだけに半日潰されてしまうこともままあり、国民の不満は絶頂に達していた。そこで、行政が目をつけたのが、住民3,300人に1軒設置されている薬局であった。かかりつけ医の診察が終われば必ず処方された医薬品を受け取りにいく薬局にCUPを設置するというのは、利便性という観点から合理的な選択であった。こうして、CUP窓口を薬局に設置することが決定し、現在では、ほぼ全土の薬局でCUPサービスが提供される体制が広がった。専門医療へのアクセスに薬局が関与する時代が始まったといえる。

国民からは、利便性が向上した上に、これまでは、CUPの役人が機械的に空いている施設をあてがってくれるだけだったが、薬局では、医療機関の評判なども含めて細かな情報提供をしてくれる上に、健康相談にも応じてくれると評判は上々であり、国民一般から薬局の存在価値を再認識してもらうことができたといわれている。

## 薬学教育と薬剤師

イタリアでは、調剤業務に従事できるのは薬剤師のみであり、米国のようなテクニシャン制度は存在していない。

薬剤師になるためには、全国に32校ある大学薬学部に入学し、5年制の課程を修了し、薬剤師国家試験に合格する必要がある。薬学部では、300単位を修得し、5年次に、6か月間の病院・薬局で実施される実習を修め、さらに卒業論文をまとめることが卒業要件となっている。

Federfarmaによれば、イタリアの薬剤師数は79,000人で、女性の割合66%とのことである。女性の割合は、他の欧州各国が70%を超えているのと比べれば、男性比率が依然として高い国であると考察できなくもないが、これは他国に比べて、高齢の薬剤師の引退が進んでいないからだという話もナポリ薬剤師会訪問時の説明時にはあったが、事実関係は定かではない。なお、この 79,000 人の薬剤師の内で、薬局で現に調剤実務に携わっている薬剤師は、62,354 人とのことである[7)]。

なお、薬剤師として、薬局や病院に勤務するには、FOFI に加入が義務付けられている。会費は、勤務地の薬剤師会によって異なるが、年間 150 ～ 200€ とのことである。

## 参考文献


1）小島晴洋ら：現代イタリアの社会保障、旬報社、2009
2）寺脇康文ら：世界の薬剤師と薬事制度、ムイスリ出版、2011
3）OECD: OECD Reviews of Health Care Quality Italy 2014, OECD、2014
4）Moscarola, F.C.: Impct of Ageing on Curative Health-care Workforth-Currentry Report Italy, Supplement to NEUJOBS working paper D12.1.,2013
5）Giulio Cesare Pacenti: La farmacia dei servizi. Opportunità e soluzioni nell'integrazione allassistenza sanitaria,Tecno Nuovo, 2011
6）https://www.federfarma.it/Farmaci-e-farmacie/Notizie-e-dati-dall-Europa/Numero-di-farmacisti.aspx（2018 年 3月 17 日）
7）https://www.federfarma.it/Farmaci-e-farmacie/Farmacie-e-farmacisti-in-Italia/Margini-e-Sconti.aspx（2018 年 3 月 17 日）
8）http://www.inpharmamag.it/2015/04/28/infermiere-in-farmacia-lesperienza-in-umbria/

第6章

# フィンランド

小林大高（東邦大学）

## 医療制度の概要

### 1. フィンランド概要

フィンランドは、国土の1／3が北極圏に位置し、厳しい気候環境下にありながらも、自然豊かな国土を活かした観光産業と高度な情報産業に支えられた北欧の経済大国のひとつである。人口は、約550万人（2017年1月末時点）[1]であるのに対して、面積は、日本よりやや小さい33.8万㎢であり、人口密度が極めて低く、国土豊かな国である。経済面では、2016年の名目GDPは238,601USDで、経済規模としては、世界第44位と大きくはない。しかし、ひとり当たりの名目GDPに直すと、43,482.41USDとなり、ランキングは世界第17位に躍進し、日本の38,882.64USDよりも上位に位置しており、経済的にも豊かな国であるといえる[2]。

フィンランドの経済成長を支える大きな要因のひとつに、その高い教育水準があり、OECDの実施する学習到達度調査では例年上位にランクし、その教育システムを世界各国が注目する国のひとつでもある。また、女性の社会進出が進んでいることもよく知られており、2012年の女性の就業率は69.3%と高い水準にある[3]。この背景には、育児と就業の両立支援や育児世代の所得保障など、子育て世代への手厚い支援政策があり、社会保障政策の一環として「子育て問題」に力を入れてきた歴史があるといわれている。その結果として、女性の社会進出のみならず、出生率も1.83（2011年）と高い数値を記録している。

フィンランドは、他の北欧諸国同様に、高福祉高負担を軸にした政策がすすめられる国であり、保健医療、年金、社会福祉、失業補償、家族教育など広範で多様な社会保障制度を備えているのが特徴である。したがって、フィンランドの社会保障支出の対GDP比率は、2016年のデータでOECD平均が21%であるのに対して30.8%と高く、フランスの31.5%に次いで世界第2位となっている[4]。しかしながら、これほどの高負担を強いられていながらも国民の満足度は高く、国連の「世界幸福度ランキング2017」では、世界第5位であった。なお、我が国の社会保障支出の対GDP比率は23.1%でありながら第51位であった。

フィンランドは、国民に高負担を強いながらも、国民が必要とする社会サービスを充実させ、国民が働きやすく、そして生活しやすい環境が整った国であるといえよう。

## 2. 医療制度の概要

フィンランドの医療制度は、1964年に創設された国民健康保険を基本とした公費負担医療（Publicly Funded Healthcare）制度である。財源は、被用者及び雇用者から支払われる保険料が25%であるのに対して、国及び基礎自治体の負担が75%を占めており、実際は、税金によって運営されているといっても過言ではない健康保険制度である[5]。全国を網羅する国民健康保険組織として社会保険機構（Kela: Social Insurance Institute）があり、全国182ヶ所に事務所を構えて、医療および歯科医療の償還、薬剤費の支払いなどをさばいている[6]。なお、2017年現在のKelaへの社会・医療保険の負担料率は、雇用者が支払い賃金の1.08%、被用者が月収の1.69%と決められている[7]。ただし、後述するように、基礎自治体が提供する一次医療や自治体病院による診療などは、少額の自己負担が設定されるものの自治体による公費医療であって、上記のKelaからの費用負担はない。

なお、医師によって外来処方された医薬品については、民営の薬局で給付を受けることになるので、発行元の医療機関の官民を問わず、医薬品にかかる費用は社会保険から支払われることになる。

医療給付については、全国に311ある基礎自治体((2002年まで448があったが、2017年現在311にまで減少した）Kunta: Municipality）の責任とされている。基礎自治体は、自治体単独、あるいは基礎自治体連合組織で運営する（地域）保健センター（Terveyskeskukset：Primary Health Centre）を運営し、この保健センターで一次医療を提供している。住民は、居住地域の保健センターに勤務する複数の総合診療医（GP）の中から「かかりつけ医」を選び（指定される場合もある）、以後は、この GP にプライマリケアーをすべて任せることになる。なお、高度・専門医療へのアクセスには、かかりつけ医による指示が必要となる。フィンランドでは、かかりつけ医が高度・専門医療へのゲートキーパーの役割を担っているといえる。保健センターの運営費は、基礎自治体の一般財源（所得税）から拠出されており、保健センターで診療を受けた場合に住民が支払う自己負担金は少額におさえられている。一次医療は、原則としてこの保健センターを利用するものと想定されている医療制度であるが、民間医療機関もわずかではあるが存在しており、医療費は高額となるが、民間医療機関を選択することも可能である。この場合には、診療費の一部ではあるが、上記の Kela から償還払いを受けることも可能である。

二次医療については、概ね 20 の二次医療圏に分け、二次医療圏を構成する基礎自治体が自治体の規模に応じた負担額を負担して公立病院を運営することになる。

なお、高度先進医療を提供する三次医療は、ヘルシンキ、トゥルク、タンペレ、クオピオ、オウルの五都市に設置された国立大学病院が提供している。なお、病院運営費は三次医療圏を構成する自治体が分担して負担している。国立大学病院では、教育研究と病院診療とを明確に区分し、国は、教育研究にかかる経費のみしか負担していない。

## 薬剤給付と薬価制度の概要

医薬は完全に分業されており、薬剤給付は原則として薬局で実施されている。Kela によって償還される医薬品の価格は全国同一であり、社会保健省の下部組織である「医薬品価格決定委員会」(Pharmaceuticals Pricing Board: HILA) が決定する [8)]。委員会は、多様なメンバーによって構成されており、医療、薬学、経済学、法律、保険行政の専門家などからなる。しかしながら、医薬品の効能など高度に専門的な問題については、対応できる専門家を招集した専門委員会を組織し、専門的な見解を求めることができるとしている。しかし、この専門委員会の決定に拘束されることはなく、HILA として独自の意見を決定することができるとしている。

HILA は、承認審査機関である「医薬品庁」(National Agency for Medicines: Fimea) が製造販売承認した医薬品で、Kela による償還対象となることを希望する医薬品の卸売価格を決定する機関である。審査過程において、当該製品の経済性も判断するものとして、そもそも償還対象とするべきかどうかの判断も行う。欧州中央承認方式によって EMA (欧州医薬品庁) 経由で承認された医薬品も同様であり、フィンランド内で Kela の償還を希望する場合には、HILA による価格決定プロセスを経なければならない。なお、審査期間については、180 日以内に決定するものと決められている。

価格決定審査は、製造販売承認をもつ企業の申請によって始まる。企業は、申請に際して医療保険法 (Health Insurance Act)[9] に明記された情報を網羅した提案書を HILA に提出する必要があり、提案書では、合理的な理由を示した希望卸売価格を明示した上で、以下の情報を提示することになっている。

1) 同種同効薬と比較して、使用上及び治療上の価値、経済的利益についての合理的な説明。
2) 希望卸売価格に基づいて、一般的な用量で使用した場合の治療費用
3) 希望卸売価格及び使用患者数の推計に基づいて、医薬品市場における販売予想値
4) 同種同効薬と比較して、費用対効果と医薬品市場動向予測
5) 特許保護についての説明
6) 申請する製品のその他の商品名 (別名) がある場合、その卸売価格、EU 域内のパラレルインポート製品の卸売価格
7) 新規の有効医薬成分の場合には、医療経済的評価

このような情報が明記された申請書類が準備され、申請者の希望価格を参考にした上で、HILA が「卸売価格」を最終決定する。なお、「市場販売価格」は、

## 表21　薬局における医薬品市場販売価格（2013年10月17日制定）

| 卸売価格（€） | 処方せん医薬品 | セルフケア医薬品 |
|---|---|---|
| 0〜9,25 | 1,45× 卸売価格＋物品税10% | 1,5× 卸売価格＋0,5€＋物品税10% |
| 9,26〜46,25 | 1.35× 卸売価格＋0,92€＋物品税10% | 1,4× 卸売価格＋1,43€＋物品税10% |
| 46,26〜100,91 | 1.25× 卸売価格＋5.54€＋物品税10% | 1,3× 卸売価格＋6,05€＋物品税10% |
| 100,92〜420,47 | 1,15× 卸売価格＋15,63€＋物品税10% | 1,2× 卸売価格＋16,15€＋物品税10% |
| 420,47以上 | 1,1× 卸売価格＋36,65€＋物品税10% | 1.125× 卸売価格＋47,68€＋物品税10% |

出典　The Association of Finnish Pharmacies 2016

## 表22　医薬品の償還区分2018

| 基礎負担 | 医薬品ごとの償還区分 | 償還率 | 自己負担支払上限 |
|---|---|---|---|
| 50€<br>※50€を超えるまでは全額自己負担 | 基本償還率 | 40% | 支払額が合計で605,13€を超えた時点から自己負担金は2.50€で固定される |
| | 特別償還率（低） | 65% | |
| | 特別償還率(高) | 100%<br>※ただし処方医薬品ごとに4.50€の自己負担金が発生する | |

出典　http://kela.fi/web/en/medicine-expenses

HILAの「卸売価格」に(表21)にある薬局マージンと物品税10%を加えたものとなる。さらに、処方せん調剤については、薬局は、この市場販売価格とは別に、管理料として2.39€を処方医薬品ごとに徴収することができる。

加えて、HILAは薬局窓口における償還価格を決定する役割も担っている。審査過程で、償還ステータス（Reimbursement Status）という区分が医薬品ごとに決定されるが、この償還ステータスによって患者の負担割合が決定する。

償還ステータスは、「基本償還」と「特別償還」の2つの大分類に区分されており、「特別償還」については、さらに2つの小分類として「特別償還(高)」と「特別償還（低）」が設定されている。Kelaの償還率は、これらの区分によって健康保険法によって決められ、2018年現在の償還率は、表22に示した通りである。健康保険法によれば、基本的には、「基本償還」扱いになるとされ、「特別償還」

となるのは、重篤な症状に用いるものや慢性疾患に用いられるものと明記されている。具体的には、「特別償還（高）」として、悪性腫瘍やI型糖尿病などの重篤な疾患、「特別償還（低）」として、Ⅱ型糖尿病、心疾患などの慢性疾患が想定されている。

フィンランドの外来薬剤給付は、「償還（Reimbursement）」とは定義されてはいるが、直接給付となっており、国民は、薬剤給付時に薬局で定められた窓口負担を負担するだけでよく、面倒な償還申請はない。薬局窓口では、患者の個人カードを用いてHILAのデータにアクセスできるので、国民保険制度の支払い状況を確認できるようになっており、支払い状況に応じて自己負担額を請求することになる。

フィンランドでは、当初の医薬品費用は50€まで自己負担となっている。医薬品の支払総額が50€を超えると、**表22**に示した医薬品ごとの償還率にしたがって窓口負担を支払うことになる。特別償還（高）は、100%公費でカバーされるとされているが、自己負担として4,5€を処方薬剤ごとに負担することになっている。また、医薬品の費用負担が、年額で605,13€を超える場合には、以降は、薬剤ごとの償還率によらず、処方薬剤ごとに2,50€の自己負担金を支払えばよい制度となっている。なお、小児は、19才の誕生日を迎える年初まで、費用負担はなく無料で医薬品が給付される。

最後に、参照価格制度について簡単にまとめる。フィンランドにおいても、後発医薬品使用促進を企図して、参照価格（Price Reference）を導入している。参照価格は、同一有効成分をして参照価格グループを形成しているが、その根拠となるのは、医薬品庁（Fimea）が作成している後発品代替調剤可能リストである。フィンランドでは、後発代替調剤が可能かどうかについて、純粋に科学的な観点から承認審査官庁であるFimeaがまず評価する立て付けになっている。Fimeaが科学的に代替可能であると判断した成分ごとのリストが、参照価格グループとなる。そして、この参照価格グループごとに、HILAが参照価格を決定し、四半期ごとに見直している。

HILAの参照価格決定にあたっては、卸売り価格ではなく、マージン及び物品税を含めた市場販売価格が示される。また、価格決定の手順は、医療保険法に明示されており、同グループでもっとも安い市場販売価格をして参照価格とするとしている[10)]。

## 医薬品販売制度と薬局

### 1. 医薬品販売規制緩和と薬局

フィンランドでは、医薬品は、薬局でなければ購入することはできない。また、医薬品の販売価格は、処方せんによる調剤であれ、処方せんなしの医薬品販売であれ、全国統一価格を堅持してきた。しかし、処方せんを必要としないOTC医薬品については、競争原理を導入するべきであるという世論の圧力が高まっており、価格の自由化を企図した実証実験について政府内でWGを立ち上げ検討している段階にある。この競争原理導入の政策コンテクストには、医薬品販売の自由化も含まれているとされ、スーパーマーケットなどでの医薬品販売も検討俎上にあるとみられる。これに対してフィンランド薬剤師会（AFP）は警戒を強めている。AFPによれば、OTC医薬品の価格自由化についての実証実験は、極めて限定された期間のみ実施され、その価格変動など経済的影響を精査するものにとどまると予測されている[11)]。

薬局数は、2000年前後までは上昇傾向にあったが、2000年以降は概ね800軒で推移しており、2016年現在の薬局総数は810軒である（表23）。

**表23　薬局数の推移**

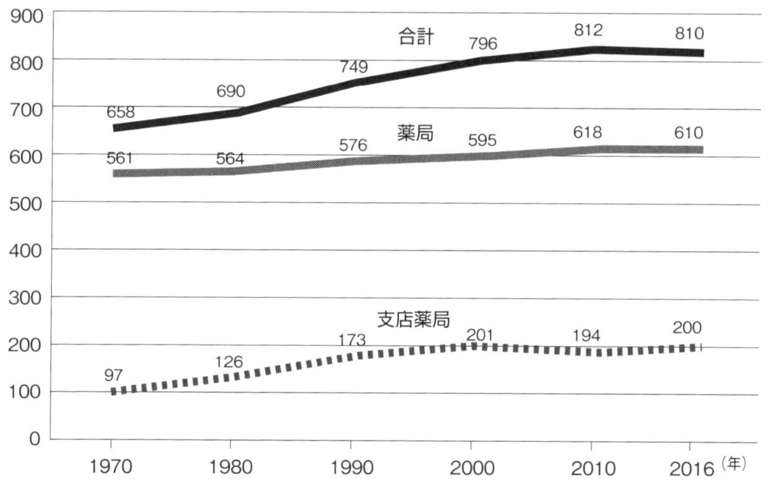

概ね、住民6,000人に1軒の割合で薬局が設置されていることになる。また、810軒の薬局中200軒は支店薬局(Subsidiary pharmacy)とよばれるもので、薬局本店1店舗に対して最大で3店舗まで開設できるものとされている。

薬局と支店薬局以外で、医薬品を販売できるものとして、主として過疎地に特別な許可をもって設置されるPharmacy Service Pointと称する医薬品販売所がある。フィンランド全土で100ヵ所設置され、薬剤師によって管理される医薬品販売業であるが、調剤施設などの設置義務はなく、複雑な調剤などは応需できない。あくまでも補完措置として設置されるものである。しかし、オンライン薬局が台頭しつつある現代にあって、その存在は薄れてきているという指摘もある。

### 2. ヘルシンキ大学の手掛ける大学薬局の台頭

フィンランドで特徴的なのは、大学薬局の存在であろう。フィンランド国内では、自然人である薬剤師免許保持者しか開設できない。また、開設できる薬局数も最大で4店舗までと厳しく規制されている。しかしながら、薬学部を擁するヘルシンキ大学と東部フィンランド大学（University of Eastern Finland）は、薬剤師養成教育における実務教育の必要性に鑑みて、法人でありながらも医薬品法で薬局開設が認められ、また、開設数に制限が設けられていない。東部の都市クオピオ(Kuopio)にある東部フィンランド大学は、教育環境の整った大学薬局を1店舗所有しているに過ぎないが、ヘルシンキ大学は、この開設制限がないことを利用して、17店舗（2017年現在）を展開し、今後も市内各地に複数店舗開設する意向を示している。ヘルシンキ大学の大学薬局は、その高いブランド力を活用して、自社ブランドなども立ち上げて、さながらチェーン薬局の様相を呈している。事実、ヘルシンキ市内の薬局は、この大学薬局の台頭に警戒を強めており、薬局開設許可の主務官庁であるFimeaに開設数に制限を設けるように陳情を重ねているようであるが、現段階で制限を設けるという話は具体的になっていない[12)]。

ヘルシンキ大学の大学薬局は、薬剤師による薬剤師のための実務養成機関を志向している東部フィンランド大学の大学薬局とは一線を画している。ヘルシンキ大学では、薬局実務こそは、薬学部の独断場となってはいるが、薬局経営はヘル

**表 24　薬局の勤務者数の推移**

| | 2010 | 2011 | 2012 | 2013 | 2014 | 2015 | 2016 |
|---|---|---|---|---|---|---|---|
| オーナー薬剤師 | 594 | 585 | 588 | 588 | 592 | 590 | 594 |
| スタッフ薬剤師 | 813 | 780 | 749 | 752 | 741 | 767 | 772 |
| 薬学アシスタント | 3,840 | 3,635 | 3,664 | 3,681 | 3,691 | 3,617 | 3,724 |
| その他のスタッフ | 3,032 | 3,456 | 3,486 | 3,515 | 3,498 | 3,472 | 3,486 |
| 合計 | 8,279 | 8,456 | 8,487 | 8,536 | 8,522 | 8,446 | 8,576 |

シンキ大学の経営学部の叡智を結集させることで、より商業的に成功できるような経営を目指しているということである。こうした経済的利益を前面に出した経営方針に対する反発が、地域医療を地道に担っている薬剤師からの批判につながっているという分析もある。いずれにしても、ヘルシンキ大学の率いる大学薬局グループの台頭はしばらく続くと考えられ、この動向を見守る必要がある。

### 3. 薬局で従事する専門職

フィンランドの薬局で薬業に従事できるのは、以下の 4 職種と薬系免許取得を目指す学生と医薬品法で定められている。

1．薬剤師（薬局を保有する薬剤師／薬学 5 年制を卒業した者か薬学博士の学位を有するものしか薬局を保有できない）
2．薬剤師（修士薬学／スタッフ薬剤師／薬学 5 年制を卒業した薬剤師）
3．薬剤師（学士薬学／調剤師／薬学 3 年制を卒業した薬剤師）
4．薬局アシスタント（中等教育終了後に、専門教育を受け、資格試験合格）

職業統計上は、5 年制卒業のスタッフ薬剤師と 3 年制卒業の調剤師を区別はしておらず、どちらもスタッフ薬剤師として積算している（**表 24**）。しかし、職制上は大きな差異があり、薬局を開設所有するためには、5 年制を卒業していなければならず、3 年制卒業者に開業の道は用意されていない。こうした理由から EU 内の資料では、学士である薬剤師をして、Dispenser（調剤士）と説明していることもあるが [13)]、少なくともフィンランド国内では、職業呼称についてはどちらも同じ「薬剤師」を用いている。なお、学士である薬剤師が、薬局を所

**表 25　フィンランドの薬局の年間処方せん受付数**

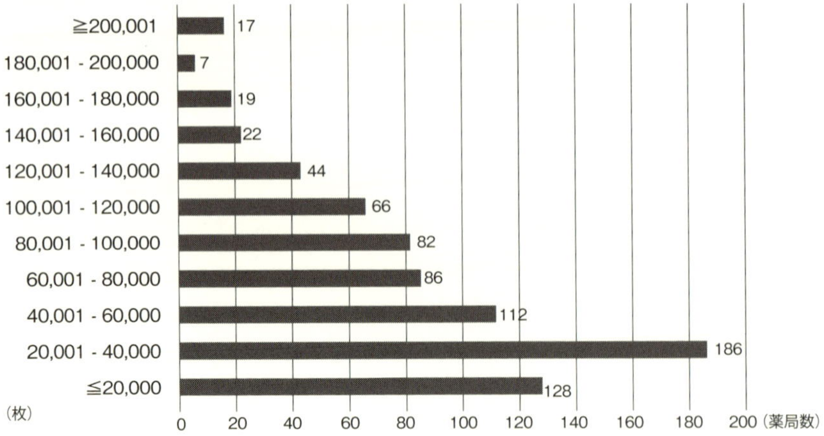


有したい場合には、博士の学位を取得するという方法で、薬局所有条件をクリアすることもできるが容易な道ではない。

平均的な薬局の場合、概ね 11 人の従業員を雇用し、その内訳は、経営者（薬剤師）1 名、5 年制卒業薬剤師 1 名（Staff Pharmacist)、3 年制卒業薬剤師 5 名（Assistant Pharmacist)、薬局アシスタント 5 名である[14)]。

フィンランドの薬局には、概ね 8,500人の専門職が従事しており、そのうちの 60%が大学薬学部を卒業した「薬剤師」である。

## 4. フィンランドの薬局

AFP によれば、フィンランドの薬局の平均な売り上げは、390 万 € ／年であり、年間受付処方せん枚数は、85,500 枚である。ただし、**表 25** に示したように、薬局ごとの受付処方せん枚数をヒストグラムに描くと、受付処方せん枚数が年間で 2 ～ 4 万枚程度の薬局が最頻値であり、またその前後の階層に集中している。その一方で 20 万枚を超える薬局も 17 店舗もあり、受け取り処方せん枚数において二極化が進んでいることが想像される。

最頻値である 2～4 万枚を中心とする階層に半数以上の 426 薬局が集中していることから考えると、上記平均値はやや高ぶれしていると推測され、一般的な薬局の姿というのは最頻値付近にあるといえ、一般的な規模のサイズの薬局における平均売上も年間 250 万 € 程度とみられている。

フィンランドでは、Pharmacy Tax（あえて意訳するならば、薬局営業税）という薬局の売り上げ規模に応じた納付金（税）を国に支払う義務が薬局に課せられている。納付金は、薬局の売り上げ規模に応じて決められるもので（8,830€～ 544,014€）、国会の議決によって税額表が毎年決められる。この際、小規模で売り上げが小さい薬局は、納付金を免除される配慮があるが、売り上げの大きな薬局では、税額が 10%を超える場合もあり、とくに売上高の大きな薬局の経営を圧迫しているとして、薬局経営者からの反発が大きい施策となっている。国会は、この収入を高まる薬剤費を相殺させるための収入源と考えており、医療費における薬剤費の占める割合が増大していることを受けて、2016 年から Pharmacy Tax の料率を引き上げている。こうした背景もあるので、この制度が縮小されることはないといわれている。なお、AFP によれば、薬局の納付金総額は、例年 1 億 7,000 万 € に上っているとのことである。

AFP が 2016 年にまとめた資料によれば、地域医療機関の医師の診察を受ける国民が年間 700 万人、看護師、理学療法士などの他の医療職種の施術等を受ける国民が、年間 1,800 万人に対して、薬局を利用する国民は、年間で 6,000 万人にも上ることを挙げ、フィンランドでもっとも頻繁に国民に利用される医療サービスは薬局であると結んでいる。また、この資料では、IRO research&consulting が 2016 年に実施した調査結果を引用して、フィンランド人の 93%が薬局のサービスに満足しているとしている。また、とくに、薬局の提供する専門的なサービスや提供されるサービスのスピードに満足しているというフィンランド人が多かったことを挙げている。こうした高い満足度を生みだす要因のひとつとして、現在 3 分野で実施されている薬局公衆衛生プログラムなどによる地域住民に対する積極的なヘルスサポートサービスが考えられる。

これまで、喘息（1997 ～）、心疾患（2001 ～）、糖尿病（2005 ～）の 3 領域で実施されてきたヘルスサポートサービスは、薬局ごとに提供するサービスを AFP に届け出ることでプログラム提供が開始される。この際、各薬局は、コンタクトパーソンとなる薬剤師を決め、AFP に登録する。コンタクトパーソンは、薬局内のサービスの品質保証と従業員の教育に責任をもち、地域内の他職種や患者団体とのコミュニケーションも受けもつことが求められ、いわばヘルスサポートプログラムの実行責任者の役割を担ってきた。したがってコンタクトパーソンの責任は重く、各領域プログラムの目的などを習得する１日研修を受講していることが選任の条件となっていた。この研修は、１日と短い研修ではあるが、これらのプログラムの到達目標を明確にすることによって、薬局でサービスを実地に提供する薬剤師の目的意識を統一し、サービスの質を一定水準に保つように考えられて作られていた。また、AFP が各薬局の提供するサービスについて明快な解説資料を準備し、薬局実務を後方から支援していたことも、成果に結びつく薬局サービスに結実させている大きな理由のひとつである。また、フィンランドの薬局の特徴のひとつとして、あくまで薬局単位でサービスを考えていることにある。日本では、かかりつけ薬剤師という名称がもてはやされ、個人にサービスを期待する制度設計に変わりつつあるが、フィンランドでは、あくまで薬局単位で上質なサービスを提供するようにデザインされた制度になっており、薬局のスタッフがチーム一丸となって地域住民の健康福祉に貢献しようという立て付けになっている。個人に帰さず、チームで最高のサービスを提供していこうという姿勢は薬局のあるべき姿のひとつを我々に提示しているといえよう。なお、AFP は、これらの公衆衛生プログラムの戦略的な到達目標として以下の点を挙げている。

**政治**：地域医療システムにおける薬局の発言力をより強いものとし、他職種とのより緊密で強力な職種連携と業務融合を可能とする

**プロフェッショナル**：薬局によるカウンセリング能力向上や患者の自己管理を上手にリードできるガイダンス能力の向上を期待し、また、主たる慢性疾患や健康リスクについての教育研修やトレーニングを充実させる

**地域社会**：薬剤師の患者管理（Patient Care）への参画を促すことによって、薬物療法のアウトカムや医薬品使用の安全性を担保し、患者のための高品質な医療連携を確保する（医師 - 看護師 - 薬剤師）

これらの３つの到達目標を基本に据えた上で、「喘息（アレルギー）」、「糖尿病」、

「心疾患」の公衆衛生プログラムをデザインしている。そして、各々のプログラムに分かりやすい到達目標を設定し、これらのプログラムに従事するすべての薬局スタッフが「目的意識」を共有し、患者や他職種も含めて皆が納得できるようなアウトカムをだせるような環境を用意している。

特筆するのは、コンタクトパーソンとなる薬剤師の受講研修で繰り返し強調される、他職種連携についての目標到達点であり、以下の点を勤務先である薬局で共有し、薬局一丸となって実施していくための責任者として活動していくように啓もうされることにある。個人ではなく、薬局という組織で地域医療を支えていけるような組織づくりを目指しているのである。そのために必要なのが正しく動機づけられた各薬局の責任者である。この責任者が自らの薬局でスタッフをまとめあげられるように、明確な到達目標**（以下の囲み）**の下で、全土でぶれない薬局像を築き上げていこうとしている。

| **他職種連携のための到達目標** |
|---|
| ○　地域治療ガイドライン、地域医療・介護提供体制、連携パスなど習得する |
| ○　（他職種と協働して）薬物療法の成功を支える |
| ○　患者固有の問題状況を解決するための処置等を理解する |
| ○　薬局からの提案によって処方変更がされた場合の新規処方せんの取扱い規則を守る |
| ○　医師や看護師に紹介する場合の手順を理解する |
| ○　喫煙をやめるように勧奨し、身体活動をより活発に行うように助言する |
| ○　治療を支援するために材料を準備・手配する |
| ○　地域の患者協会の活動について情報を共有し、いつでも提供できるように準備する |
| ○　簡易な予防トレーニングの開催やテーマを決めたキャンペーンなどの実施 |

2017年7月のデータによれば、各薬局で公衆衛生プログラムのコンタクトパーソンとして登録される薬剤師が約1,500名登録されており、薬局1軒あたりで約2名のコンタクトパーソン（領域ごとに登録される）が勤務している。こうした薬局では、このコンタクトパーソンが中心となり、患者団体との緊密な連携を下にした多職種連携の構築に努めており、自治体も巻き込んだ地域限定の独自介入モデルの導入にまでこぎつけている薬局まである。また、多職種連携

を円滑に進めるために必要である他職種との壁を取り計らうための取り組みとして、薬局スタッフと地域医療機関のスタッフが同じ机で研修をうけるジョイント研修プロラグムが始まったが、この多職種協働研修も現在ではより一般的になりつつある。20 年をかけて（喘息プラグラムのスタートが 1997 年）医療職種間に存在していた職種の壁は取り払われ、お互いに他方の専門性をリスペクトしつつ最大の成果を達成するために協働していく職業環境が整いつつあるといえる。

こうした地域協働医療への不断の努力の成果として稼働しているのが、"Pharmacy Health Point"（薬局健康ナビステーション（意訳））である。Pharmacy Health Point とは、自治体と提携して、薬局内に看護師による看護ケアサービスを提供するカウンターを設置するもので、過疎地などでプライマリケアーが提供できない地域で設置が進められていたものであるが、ここ数年は都市部での開設が増加傾向にあり、これは、薬局機能が地域医療に不可欠と認められた証左といわれている。薬局をプライマリケアーの拠点として活用しようと自治体が提案し、また、他の医療職からも薬局機能の利便性を認知してもらった結果として、薬局機能の活用が可能となった。

フィンランドにおける薬剤師の戦略的なセンスは、地域社会と他職種からの合意形成という点では非常に有益な示唆を我々に示してくれているといえる。

### 5. 電子処方せん

フィンランドの処方せん調剤は、原則として電子処方せん（e-prescription）を介して行われている。電子処方せんは、麻薬性鎮痛剤などの例外を除いて、基本的には、2 年間を限度して有効な処方せんとして使用が可能である。つまり、2 年間を限度としてリピート処方せんとして使用が可能であるということである。

医師が処方した電子処方せんは、Reseptikeskus（処方せんセンター）に電子的に保存され、薬局がこのセンターにアクセスすることによって、電子処方せんを受領することになる。この際に、Kela の支払い状況も同時に確認ができることになり、先述した自己負担上限 50€ に達しているかどうかなどの確認も行われ、薬局上の端末に、処方せんの実行状況、処方内容、支払額も含めた必要な情報がすべて表示されることになる。医師が指示した服用法も同時に表示される。フィンランドでは、この情報をそのままシールとして打ち出し、処方された医薬品のパッケージに貼るようにしている。したがって、薬局において服用方法の入力ミスなどが生じることはない。なお、表示された服用法などの処方内容に疑義がある場合には、医師に連絡をすることで、処方せんセンターに管理されている処方せんのデータを修正することができる。

なお、フィンランドで承認されていない医薬品や人道的使用が特別に許可された医薬品などについては、電子処方せんでの処方が禁止されており、この場合には、従来型の紙による処方せんを発行することになっている。しかし、このような例は非常にまれである。

## 薬学教育と薬剤師

薬剤師になるには、ヘルシンキのヘルシンキ大学、クオピオの東フィンランド大学、トゥルクのトゥルク大学、以上の３大学の設置する薬学部を卒業しなければならい。

フィンランドの薬剤師養成学部たる薬学部には、3年制と５年制の２つがあり、前者は、主として調剤師として調剤業務を担当する薬剤師を養成し、後者は、経営者たる薬剤師を養成している。しかし、卒業後の処遇については、職業呼称上の差異はもちろんのこと、薬局実務においても、専門家として業務に区別はまったく設けられていない。先述した地域公衆衛生プログラムのコンタクトパーソンについていえば、３年制卒業の薬剤師のほうが登録数が多いほどである。唯一の大きな違いは、薬局の開設者になれるのは、５年制を卒業した薬剤師だけという違いである。

なお、３年制薬学部は、上記３大学すべてに設置され、300人の定員があり、５年制薬学部は、ヘルシンキ大学と東フィンランド大学にしか設置されておらず、定員は両大学併せて100名である。卒業生のほとんどは、薬剤師として実務に就くものが多い。

フィンランドでは、薬剤師という職業呼称の下で２つの薬剤師が存在しているのが特徴であるが、薬局経営者になれるのは定員枠の少ない５年制に限られる。こうした限定された教育を受けたものだけがなれる「薬局経営者」というのは、フィンランド社会においては社会的ステータスも高く、高い職業的プライドをもって薬局経営に従事する傾向が強い。こうした高い職業的プライドが功を奏して、総じて公共心が高く、社会貢献意識の高い経営者が多いのも特徴であり、地域社会に進んで参加していく薬局を増加させる要因のひとつとなっているといえる。

## 参考文献

1) http://www.mofa.go.jp/mofaj/area/finland/data.html
2) http://www.imf.org/external/datamapper/NGDP_RPCH@WEO/OEMDC/ADVEC/WEOWORLD
3) 西村周三、京極高宣、金子能宏『社会保障の国際比較研究―制度再考にむけた学際的・政策科学的アプローチ―』、ミネルバ書房、2014 年
4) https://www.oecd.org/tokyo/newsroom/documents/OECD2016-Social-Expenditure-Update-Japanese-version.p
5) http://www.kela.fi/web/en/operations-funding
6) http://www.kela.fi/documents/12099/1410152/KELA_vakuutuspiirit_ja_asiakaspalveluyksikot_ENGLANTI.pdf/1599965d-d842-4098-a87f-f15a967a5764
7) https://www.etk.fi/wp-content/uploads/maksut-suomessa-2017_englanti.pdf
8) http://www.euro.who.int/__data/assets/pdf_file/0020/80651/E91239.pdf
9) https://www.finlex.fi/fi/laki/kaannokset/2004/en20041224.pdf
10) 参照価格決定ついては同グループの最低価格が一定額よりも安価な場合には、１～２€程度の加算をするという例外規定もある。
11) The Association of Finnish Pharmacies, Annual Review 2016, 2016
12) 2017 年 7 月 26 日の Fimea 面談時、監察官 Johannes Pietilaine 氏の説明による
13) https://www.eapt.info/members/pam/
14) 2017 年 7 月 27 日の AFP 訪問時、Elina Aaltonen 氏の説明資料

第７章

# 世界の薬局・薬剤師の将来展望

Pharmacy and Pharmacist in Future in the World

Dr Luc Besançon
Pharmacy and Consulting　CEO
前 FIP（the International Pharmaceutical Federation）CEO
（翻訳協力　山田昭子）

## 未来に向けた薬局変革のための原動力

薬局の変革において、国民と医療制度が今まさに何を必要としているかを見極めることこそが最大の関心事となる。

### 1.　国民が新たに必要としているものとは

日本のような経済的先進国と、現在経済的成長の途中または先進国へと変化をとげている最中の国々では、地政学的社会学的観点から顕著な違いがあると思われる。

発展途上国の多くでは、人口の増加は主に出生率の増加が死亡率を上回ることにより起きているが、先進国では人口の増加は平均寿命の伸びを反映し、高齢化の結果によるものである。経済成長の恩恵を等しくすべての人が享受できるわけではない。一部の人々は、健康や寿命に影響を与える水準以下の生活をこの先も続けることになるであろう。これからも国々で健康問題における不平等が顕在化し続けるだけでなく、同一国内でも田舎と都会の違いを含むいわゆる「場所」による不平等が残り続けると思われる。移民者数は、1960 年から３倍以上に増え 2015 年にはおよそ２億4，４００万人に至っている。移民者の中には、患者ばかりではなく、医療従事者も含まれている。

社会学的観点から環境が健康に及ぼす影響への関心はさらに高まり、あわせて、テクノロジーの利用は今後も世界中で増え続けるであろう。それ以上に、個々人の健康への関心はより高いものとなることも予想される。これからの健康へのニーズを考えるに、それぞれの国における違いが浮き彫りとなるであろう。所得水準が高い国では、疾患率や死亡率は今後も主として糖尿病、心疾患、喘息といった慢性疾患やがんに由来すると考えられる。このうち一部の慢性疾患は、運動不足、過剰の塩分摂取、喫煙またはアルコールの過剰摂取と関連するか、その結果として生じる疾患である。所得水準が低いかあるいは中程度の国々では、この10年間でHIV、結核、マラリアなどの伝染病への疾病率の減少がみられるものの、今後も引続き大きな問題となっていくと考えられる。加えて、これらの国々でも先進国で観察されるような生活様式への変化にともない、慢性疾患へ配慮が重要となってくると思われる。

増え続ける抗生剤に対する耐性菌の出現は、新しい抗生剤の開発の必要性を促すと同時に、人間や動物への不適切な薬剤使用を減らす必要性を示している。現に、2050年までには耐性菌の感染により死亡する死亡者数が、がんによる死亡者数を上回るといわれており、その数は毎年1千万人以上にのぼると考えられている。

グローバリズムの拡大は、感染起因菌がすばやく世界中に広がる可能性を示唆し、感染症の世界的な流行は、ますます大きな問題となっていくと考えられる。

## 2. 変化する医療システム

### 経済的要因

医療費は世界各国で増え続けており、その増加は国内総生産（GDP）においても増加傾向を示している。また、医薬品支出増加も観察されており、一般に、この増加は医薬品消費の増加と、高額の新薬の導入によるものとみられている。一方で、この支出増加は、医療システムに存在する旧態然とした「非効率性」と関係しているという見方もある。これは、薬剤費用償還などによってもたらされる費用対効果が最大効果をもたらしていないということを意味する。

薬剤費用増加を減らすさまざまな対策が講じられ、その実例として、ジェネリック医薬品やバイオシミラーの使用促進、あるいは、薬剤師による処方や薬剤使用の適正化、アドヒアランスの向上などが実践されている。政府は、医薬品や医療技術などの医療的介入の価値を評価、比較するために、医療技術評価 (HTA)

への信頼を増大し、多くの国でHTAを価格決定の基準として採用するに至っている。あわせて、政府は、経済的実行可能性にあがなうリスクを避けるために、医療従事者や医療施設にこれまでよりも高い効率性を求めるようになってきている。

多くの発展途上国では、医薬品はいまだに医療保険で支払われる体制にはなっておらず、プライマリケアコストすらも患者が自身で支払をしなければならない。そうした国々の多くは、国民皆保険制度の設立に向けた努力をしている段階である。あわせて、そういった国の一部では、医療を産業としてとらえた場合に、将来的に利益を得られる産業とみる考えもあり、産業の自由化を推し進める動きもみられる。

## 3.　健康（Health）と医療（Care）の提供

先述した経済的圧力は、医療システムに対する影響因子のひとつであり、医療システムは、これまで以上に、もっともコストが低く、最高の品質で、安全性が担保され、個人であれ集団であれ、可能な限り最大の健康アウトカムへと導く医療技術へのアクセサビリティーを確保するように導かれると予想される。このような観点を踏まえて、政府と支払い側（国民、保険者など）は、病院などによって提供される二次医療から診療所や薬局によって提供される一次医療への転換や両者の融合を積極的に推し進めている。医療システムは、前述したような経済的要因だけなく、医療従事者の人材不足の深刻化やこうした人材の地域偏在化（国内問題、国際問題、どちらの観点からも）といった要因からも大きな変革が求められている。

新しいテクノロジー（新しいソフトウエアの導入やさまざまな自動化も含めて）は、混乱させることもあるが、同時に働きやすい方向に導いてくれるだろう。また、発展途上国においては、医療サービスの供給モデルが、急性期の治療や他国から支援を受けている特別な疾患（HIV、結核、マラリアなど）を対象とした治療から、急性と慢性双方の治療に対応できる包括的モデルへと移行していくことも予想される。

## これからの薬剤師の役割とは

2011 年、FIP( 国際薬学会 ) と世界保健機構（WHO）は、“Joint FIP/WHO guideline on good pharmacy practice: standards for quality of pharmacy service” というガイドラインを共同で採択した。この中で、薬剤師の主な役割として以下の 4 つを定義している。

1. 医薬品全体の流れへの関与（準備、取得、保管、品質保全、流通、管理、調剤、廃棄）
2. 効果的な薬物治療マネジメントの提供
3. 職務に従事するために必要な専門的な知識の維持と向上
4. 医療システムや公衆衛生の向上、発展への貢献

さらに、これらのそれぞれの役割について具体的な機能がひとつあるいは複数の定義が示され、どのように関与していくかがさらに細かく示されており、病院薬局であれ、地域薬局であれ、どこで働いているのであれ、臨床薬剤師（Clinical Pharmacist）の携われる潜在的実務範囲の現状についてまとめられている。しかしながら、新たに追加された役割にしても、薬剤師の中ではすでに明らかになっているもので、以下に示す 11 の主要な役割（Key Role）として示されている。

1. 品質が保持された医薬品へのアクセスを継続的に可能せしめる人物である。
2. 個人レベルであれ、集団レベルであれ、安全性を監視指導できる人物である。
3. 医療制度及び社会制度におけるゲートキーパーとして入り口から交通整理まで担える人物である。
4. 医療機器や医療関連アプリなどの医療技術について、的確な助言やサポートができる助言者である。
5. 多職種協働医療チームの一員である（移行期医療も含む）。
6. 患者のみならず、他の医療従事者、介護職に対しても「信頼できる情報源」

たる人物。

7. 臨床検査値、医薬品、疾病、日常生活、他職種の経験などのデータや知識を集約統合するインテグレーターである。
8. 費用対効果を意識した行動へ上手に誘導できるファシリテーターであり、具体的には、医療制度の枠組みで提供される限られた医療資源やとく医薬品について、より効果的な使用を確保できるファシリテーターである。
9. 健康維持の手段として、パーソナライズとキャスタマイズを可能とする人物であり、具体的には、患者レベルでは、治療の個別化（パーソナライズ）を通して、集団レベルでは、地域薬剤師によって提供されているサービスの中で最適なものを選択することなどを通して、健康への道筋を最適化するような人物である。
10. 患者や他の医療従事者にとって、情報提供、自己啓発を助け、モチベーションを高め、方向性をはっきりとさせるといったようなことができるコーチである。
11. 調査し、予防し、管理できる（地域の）公衆衛生官である。

これらの薬剤師の役割は、医薬品が考慮されたり、使用されたりしたときにだけ適用されるものではない。医療や福祉に関係するようなところではどこでもまずは適用されるものである。これらの役割は、後述する「薬剤師の業務」に反映されている。読者は、日常業務がこれらの役割のどの項目、あるいは複数にわたる項目に反映されているのかを心に留めなければならない。そして薬剤師が営む日々業務に強く関係しているこれらの役割のひとつにすらほとんど焦点をあてていないとすれば、自らの職業活動に注意しなければならない。

## 臨床薬剤師（Clinical Pharmacist）のこれから

今日、病院で活躍する薬剤師の役割と地域社会で活躍する薬剤師の役割の区別が曖昧になりつつあることには注意が必要である。したがって、当初考えられていたように、コミュニティー薬剤師や病院薬剤師といったような業務に従事する場所がどこであるかで薬剤師を区分する呼称ではなく、「臨床薬剤師（Clinical

Pharmacist)」という呼称が好んで使われるようになってきた。

**評価／ Assessment**

これからの薬剤師の業務でもっとも重視されるのは、一般に、以下に挙げた２つの情報に基づいて行われる「Assessment / 評価」である。

**主観的情報　Subjective Information：**

患者のこれまでの病歴や、現在の状況により至るまでの医療機関での受診歴、これまでの健康上の問題や出来事、現にどのような症状があるのか、もしくは現在服用中の薬などの情報を患者の記憶や発言に基づいて得ること。また、主観的情報とは、患者が必要としている看護や患者自身の治療への期待などを示すこともある。情報の収集は直接に患者から聞く方法や、電話やインターネットを用いた患者との会話や相談からも得られる。また、患者自身によるものだけに限らず、薬剤師によって提供された情報ツール、具体的には、患者自身に自らつけてもらう日記や、その他の記録（血圧記録や薬の記録など）を介してもこうした情報の取得が可能である。

**客観的情報 Objective Information：**

健康状態などに関する情報。これらは、たとえば、血圧の測定、血糖値の結果、コレステロールや、その他の生物学臨床現場即時検査（Point of Care Testing; POCT）や医療機器によって記録された情報や装着可能な記録装置、患者自身の手による服薬記録（お薬手帳も含む）などが該当する。国によっては、薬剤師が必要な検査をオーダーし、結果の解析をすることもあり、この中には、遺伝子検査も含まれている。また、この客観的情報は、他の医療従事者と共有したり、患者へも提供が可能である。たとえば、この情報処理プロセスは、自動的に行われているところもある。そのよい例が、オーストラリアで設計された「MedsIndex」というアドヒアランスのチェックシステムであり、このシステムは調剤レセコンに集積され、患者の処方薬の受取りを把握することによって個々の服薬状況を知ることができるようになっている。

このような評価は、あらかじめ予約があるときに、定期的に実施することも可能であるし（場合によっては年に１回）、あるいは、患者自身が何か問題があるというようなときに、必要に応じて実施することもある。評価を実施する場所は、たとえば、薬局ということもあれば、自宅や病棟など患者の身近に赴くこともあり、あるいは、療養施設などのこともある。薬剤師が、このような評価を実施するにおいては、まずは、医薬品に重点をおくのであるが（したがって薬剤使用評価 (Medicine Use Review) と称される)、この評価は、実は、患者に関するすべての情報を集約せしめるものへ発展進化する可能性があるものである。この評価プロセスは、以下の通り、個々の患者の健康状態に基づいて行われることもあれば、特定の集団の状態に応じて実施することもある。

ガイドラインに基づく政府の疾病管理プログラムや患者のリクエストベースによる糖尿病や結腸がんなどのような特定の疾患に対する先行的で積極的なスクリーニング（Pro-active Screening）

健康に関する問題が薬剤師の介入により安全に解決できたか、それとも医師への紹介が必要なのかの見極め

健康に関する問題が解決されているのか？あるいは専門家などによって管理されているのかについて確認

薬物治療に関して現在あるいは起こりえる問題を特定し解決する努力

良好な服薬アドヒアランスを維持できるようにサポートすることで、服薬している医薬品による検査値など生物学的パラメーターへの有効な効果を患者に目に見えるようにする努力

薬局の提供するサービスから大きく役立っている患者の中で重点化を行った上で、患者のニーズ、リスク、あるいは費用などに基づく患者の階層化

ファーマコビジランス（医薬品安全性監視）や医薬品に関するリスクマネージメントプラン（RMP: 各国で新たに導入されている）への参画などのように国家的な安全対策業務の遂行

薬剤師はこれらすべての情報を集約して、理想としては、すべての人が共有で

きるような電子的媒体に集積することがのぞまれている。この薬剤師の評価の結果として、個人レベルでは、なんらかの緊急処置にいたることもあり、特定の疾患に罹患している患者グループもしくは医療従事者間で、計画的なケアプランが策定されるというようなことにいたることもある。あるいは、薬剤師の評価の結果としてさらなる処置は必要ないというようなこともあろう。この評価の結果が何であれ、その経過を記した文書を作成し保存することは、将来的には、臨床薬剤師であれば誰もがするべき標準的業務手順の一部となろう。この評価コンセプトは、薬剤師が次の段階の業務に移る出発点であるだけではなく、薬局サービスあるいは医薬品のアウトカムのモニタリングをするための手段である。

**治療の開始と調整**

薬剤師の評価から生じえるアウトカムのひとつは、治療が開始されることであり、あるいは、その治療が調整されて最適化されることである。この治療に対する判断（助言）は、薬剤師の専門的知識に基づいたものであり、治療ガイドラインによって大きくサポートされるエビデンスに基づくものである。この治療の開始なり、治療の調整などは、さまざまな形で起こり、病院や地域の薬局など場所を問うものでもない。

たとえば、軽医療スキーム（Minor Ailment Scheme）の一部として、軽度な疾患や外傷で、自己で管理できる病態（状態）のものが考えられる。このようなスキームは、OTC 医薬品を患者に提供するときなどに、すでに多くの薬剤師によって実施されている。たとえば、（海外旅行の準備として）トラベル医薬品を提供することや緊急避妊薬などの提供なども含まれるといえよう。なかには、薬剤師が処方のための評価を補い、医薬品を処方し調剤し、保険償還することが認められている国もある。具体的には、事前に合意された形式にしたがった処方調剤という限定したものではあるが、薬剤師が、プロトコール / アルゴリズム / フローチャートなどにしたがって、処方せんなしで処方せん医薬品を処方調剤している。

このほかの例としては、医師（または医師グループ）の代理処方権に基づいて、薬剤師が、基準や除外基準を考慮にいれながら、生物学的な検査値を根拠にして治療レジメンを作成したり、あるいは調整したりすることが認められている。

このような代理処方権は、目標値が関連付けられている。例を挙げると、血圧 130/ 80 以下を維持するなどのターゲットである。このような場合には、さまざまな医薬品が使用できる薬剤としてリストアップされており、なかには最大投与量などが記載されているものもある。つまり、薬剤師に医薬品を管理し、医療アウトカム（Health Outcome）を達成するという方索が与えられているといえる。

肝疾患や腎疾患のある患者などの特異な状況に対しては、薬剤師は、薬剤が安全にかつ効果的に使用されることを目的として、患者の服用量を調整するという重要な役割を担なうことになる。同様に、薬剤師が、患者の生活様式や状況に合わせて（仕事、生活環境、その他の服用薬などを考慮して）、医薬品をより服用しやすくするために、医薬品の剤型調整することもできる。英国における補助的処方者（Supplementary Prescriber）あるいは独立処方者 (Independent Prescriber) のような実例にみられるように、薬剤師に対して、決められた範囲の医薬品を処方することが許されるような権利委譲が世界中でみられるようになった。

まとめると、治療調整は、後発医薬品やバイオシミラーへの代替調剤などのような医療費の削減という目標と同時に、患者の生活様式や好みに合わせるといった目的で実施されるものといえるだろう。

### 医薬品の服用とその安全性を支援するための医薬品調剤と統合供給システム

薬剤師は、禁忌のないことの確認をしたり、医薬品の相互作用という観点から処方された医薬品の患者へのリスクを確認したりするなどして、患者の安全を守ることにこれまで同様に変わることなく注意を払わねければならない。このような確認作業は、先述した評価の段階で実施される。薬剤師は、患者が医薬品を必要としているときにはいつでも確実に医薬品を提供するという役割において、これからも大きな役割を担っていくことが期待される。たとえば、Appointment Based Model (ABM; 予約を基づく業務モデル ) は、その役割を誘う最適なコンセプトだろう。具体的には、薬剤師が、処方薬がなくなる数日前に患者に電話などで連絡を取り、これまでの処方について何か変更がないかを評価検討しておくというやり方である。こうした準備業務は、供給に問題がある医薬品が処方されているようであれば、前もって代替が可能な医薬品への変更を医師に提案したりするなど、医薬品の事前発注を可能とする。こうした業務モデルは、調剤における業務量を最適化し、結果的に調剤の準備を高度化し、患者の待ち時間を軽減するなどの効果を生むことができよう。薬剤師は、医薬品の信頼性や患者の手にわたって以後のトレーサビリティーも検証できるようになる。また、伝統的な営業時間を超えた切れ目のない医薬品供給への関心が高まってきていることを考え、当直薬局で、医薬品やファルマシューティカルケアの提供のみでなく、医療システムへの入口として薬局機能を強化している国もある。

薬剤師はまた患者の生活がより快適になるように働くことができるであろう。たとえば、一包化による調剤、処方医薬品のレビュー、治療の個別化（たとえば、個別に製剤したり、あるいは3D印刷を駆使して作った多孔質吸収型の剤型など）が該当する。

また、処方された医薬品をすべてひとつにまとめる権限が薬剤師に与えられている国もある。この権限によって、慢性疾患の患者に異なった医師からそれぞれ処方が出た場合などに、薬剤師は複数の処方を合わせて調剤することが可能となり、患者は1ヵ月に1回薬局に医薬品を取りに行くだけですべての医薬品を受け取ることができるようになる。さらに、カナダを含む数か国ですでに導入されているが、薬剤師に限られた範囲ではあるが特定の範囲の医薬品の注射さえも許している国がある。

最後になるが、薬剤師も、医薬品による環境への影響を極小にするべく努力を払わねばならない。たとえば、医薬品の選択からその医薬品の安全な廃棄の方法についてもケアするべきであるし、未使用未開封の医薬品であれば、薬局が引き取るようなことも考えなければならない。

## 医薬品選択に患者の意向を反映する

### 新たに医薬品の使用が始まる場合

患者が新たに何らかの病態、とくに慢性疾患のひとつであると診断されたときには、患者に新たに使用することになった医薬品をよりよく使用できるための情報を提供することが肝となるだろう。また、必要であれば、個別に付加的な専門サービスなども提供するべきであろう。英国やノルウェーなどいくつかの国では、New Medicine Servicesという患者向けの包括プログラムが開発され実施されている。これらのプログラムは、患者の新たに服用する医薬品を検討し、それらがどのように作用し、またどのような副作用があるのかを説明し、あわせて期待される効果について説明することが求められ、必要に応じて、それらの医薬品をどのように使用するのかを実演することもある。この説明は、通常治療が開始されてから１ヵ月の間に、何回かにわたって電話あるいは対面で実施されるのが一般的である。これによって、患者は使い始めてから起きた問題などを容易に報告でき、薬剤師はその解決法をその都度一緒になって考えることができる。たとえば、デンマークでは、新たに喘息と診断された患者に吸入指導をすることにより指導料が支払われている。ほかにも、薬剤師が処方された注射剤を注射することで、患者に注射方法を教えるという事例も知られている。

### 患者支援プログラム

慢性疾患患者の治療において、新たな医薬品が処方されたような場合だけではなく、可能な限り他の医療従事者と連携し、薬剤師は、医薬品服用管理プログラムに参加している患者やさまざまな病状や疾患と向き合っている患者を支援するプログラムを提供していくことになる。これまでこうしたプログラムは疾病を基礎とした内容のプログラムとなっていたが、これからのプログラムは、患者支援プログラムというコンセプトが盛り込まれ発展していくだろう。この患者支援プログラムというのは、患者一般に共通のコアモジュールを基本に、患者が向き合わなければならない疾病特有の問題に対処する専門モジュールがドッキングした２つの主要部分からなる。このプログラムは、とくに、服薬アドヒアランスに焦点を置くような医薬品関連のサポートと健康全般への助言機能を複合化させたものが考えられる。また、そこには、薬局によって促された患者相互支援（Peer-support）なども含まれると考えてもよいであろう。こうした支援は、治療のアウトカムに影響を与えるであろう患者個々の特性に応じて個別・優先化されることになる。また、なかには限られた期間（たとえば、イスラム教徒のラマダーンの断食時）に限定して提供されることもあるやもしれないし、逆に、非常に長い期間（たとえば、慢性疾患に対する場合など）にわたって提供するものもあるやもしれない。それは、たとえばデンマークですでに実践されている禁煙支援プログラムや他のさまざまな健康プロモーション活動と関わることもありえる。

## 他の医療従事者の業務を高水準に維持するための支援

### 移行期医療（Transition of Care）

一次医療機関と二次医療機関の統合を向上させ、病院の滞在日数の削減を進めていく上で、薬剤師は、移行期医療にもっと密接に関与していくことになるだろう。こうした関与は、移行期医療に移る前から（とくに、入退院が計画されているときには、）、患者が服用している医薬品の概要やそれに関する情報を準備するといったような形になるかもしれない。たとえば、移行が計画されていなかったときは（救急外来診療のような場合）、薬剤師は、患者が入院手続きをしている間に、医師の診断を手助けするためにも保管している医薬品のデータを集める仕事に専念するというようなことになるであろう。患者が地域医療へ戻るときにはいつでも、病院薬剤師は、当該患者について地域薬局の薬剤師と連携し、入院中の患者に生じた服用薬の変化についての説明し、医薬品の効果を最大化するために協働することになる。

### 他の医療従事者への情報提供

移行期医療における役割とは別に、薬剤師は他の医療従事者、とくに処方医とより密接に協働していくことになるであろう。これからの薬剤師は、医師と同席する共同研修プログラムに参加するようになり、医師が医薬品の処方を意思決定する際に支援するようになる。たとえば、病院薬剤師が、意思決定プロセスにおける共同決定者としてすでに関与しているような国（米国など）もある。多くの国で、薬剤師は、個々の患者ごとに整理されたファイルに収録された薬剤服用歴の情報管理の責任を担っている。こうした役割は、たとえば、服用薬管理評価（Medication Use Review）などのような形で、処方薬のレジメンの簡素化を促したり、副作用の重篤度を軽減したり、医療費を削減したり、医療アウトカム（Health　Outcome）の改善などのような処方医への提言につながることもある。

こうした協働体制は、大規模集団レベルでも提供が可能である。たとえば、オランダやスイスでは、地域薬剤師と開業医（General Practitioner）が定期的に議論の場を設け、開業医の処方パターンを診療ガイドラインと比較したり、その処方パターンについて意見交換をしたりしている。このような議論は、トレーニングを受けた薬剤師によって進行されることによって、地域の薬局に持ち込まれた処方せんの内容解析への信頼性を高めることになっている。このような取り組みは、医療従事者同士が対話ををすることによって、医薬品の処方がエビデンスに基づいて改善されることが目標となる。さらに具体的にはこの取り組みの最終到達点は、薬剤師が薬物治療に関して安全ではないと判断をした場合、もしくは経済的に妥当ではないとの判断をした場合に、他の医療従事者やソーシャルワーカーに照会を実行するということである。

**健康増進に向けた取り組み**

地域薬局は、住民の大部分にとって直接かつ頻繁に接触できる唯一の医療施設（Healthcare Setting）である。それは患者にとってだけではなく、潜在的な健康問題やリスクに気づいていない人についてもいえることである。こうした事実が地域薬局をして、健康増進への取り組みに従事する施設というユニークなポジションに位置付けているといえる。健康増進への取り組みとしては、健康増進活動について丁寧かつ費用対効果の高い説明を提供し、また、健康に関する質問に専門的なレベルで直接に対応できるといったことが想定される。事実、薬局が健康増進への取り組みを通して関与している健康増進活動の多くが政府によって実施されている。

薬局による健康推進活動は、被害を最小限に抑える活動（注射針の交換プログラムのようなものなど）から、医薬品についてはもちろんのこと、医薬品使用についての患者の責任、栄養問題なども含む他の健康問題などについて情報提供し、教育するなどといった地域自治体などとの契約に基づく業務まで幅広いものである。

こうした取り組みもまた多くの形式が用意され、地域住民へ講義、研修プログラム、薬局に提示される「薬局が提案する健康な生活について」の掲示板、あるいは、住民個々の健康リスクを評価して個別化されたもの、たとえば予防接種の提案などの形式が想定されている。

## 可能かつ実現可能な骨組み

進化し続ける薬局業務のこれからは、さまざまな要因に影響を受けるであろう。たとえば、以下のような要因が想定される。

### エビデンス Evidence

薬剤師の業務を、評価し向上するために根拠としての役割を担う。たとえば、他の医療従事者、保険会社、政府などのステークホルダーに対して、薬剤師の付加価値を提示して、薬剤師の業務範囲や報酬の調整をするための根拠である。

### 業務範囲　Scope of Practice

現在の業務を反映し、なおかつ新しい業務を付加するようなもの。

### 品質基準に基づく取り組み　Qaultiy based Approach

薬剤師の業務にも品質基準にのっとった取り組みへの期待が確実に増大していくものと考えられる。これは、提供するサービスの再現性と品質の保証を担保するために、品質保証／品質管理システムの履行、ガイドライン、プロトコール、基準などを使用するということを意味しているといえる。

### 薬剤師の専門性を見えるかさせ、薬剤師の信用を高める　Visibility of the expertise of Pharmacists and Trust in Pharmacists

これは、エビデンスに多少なりとも影響を受けるものであるが、付加価値を明らかにすることによって薬剤師の専門可能性を示すことによっても影響を与えることになる。

### 医療財政と薬局業務　The financing of healthcare and pharmacy activities

薬局のあり方の変化は、地域薬局に対する報酬モデル、具体的には、新たな役割として認められた支援業務に対する技術料や複雑に統合された報酬体系からも確認することができる。追加報酬モデルではあるが、業績に応じた報酬（Fee for Performance）や人頭割りのような報酬体系までもが数は少ないながらも台頭してきている。これからの報酬モデルは、多職種間の業務連携をお互いに補い理解できるようなものへと発展していくであろう。支払い側の「支払ってもよい」

という意思（健康保険か患者かどうかにかかわらず）は、知覚価値やどのような変化でも支援できているというエビデンスに影響を受けるようになるだろう。

**薬局で働く専門職の現在とこれから　The current and future pharmacy workforce**

与えられた役割を果たすに適切なスキルをもった薬剤師が、必要な場所に適切に配分（必要な応じて対応できるだけの）されるだけの人数存在することが求められている。これは、学部教育と卒後継続教育の間の協調的なアプローチをもたらし、関連分野の専門性を高めることにつながる。こうした教育連携は、薬剤師の関係する専門を分類化するような専門分野の階層化を進めることになる。また、薬剤師は、薬剤師固有の専門的スキルから、他の医療従事者と情報を共有できる付加能力をあわせもつようになる。

**薬局の構造設備　The Organisation of Pharmacy**

薬局の構造設備も、新たな役割やサービスに応じた、たとえばカウンセリングルーム、自動調剤機、患者とのカウンセリングや交流を支援するための最新技術の導入などが必要となっていくと考えられる。地域のニーズに合わせて薬局において、より専門的なサービスを提供していくという傾向を鑑みれば、薬局の規模はこれまでよりも大きくなり、また、薬局は薬局ネットワークの一部として機能し、お互いに他者から提供されるサービスを完遂していくというような薬局ネットワークが構築されると想定される。

**時代にあったシステムの導入　The optimal use of technology**

医療システムの他の専門職と相互に補完し、先述した新しい役割を推進していくためには、技術を最適化する必要がある。

**現在の薬局の主要資産の維持　Maintaining the key assets of current pharmacy:**

信頼、利便性、アクセスのよさ、専門性の維持は不可欠である。

## 最後に

薬局は、健康や福祉のための地域密着型の拠点（Community based Hub）となる。これからの薬局業務は、医薬品の提供から、医薬品とサービスを組み合わせるようなカスタマイズされた健康ソリューション（解決策）（tailored-made health solutions）を提供するものへと変化してくであろう。こうした解決策は、患者や家族などの介助者（Carer）だけを対象にして、また、利益をもたらすものではなく、同様に、他の医療従事者、健康保険、保健機関などにも利益をもたらすものとなる。薬局業務が医療ネットワークや多職種連携などによって医療システムのなかに完全に融合化されれば、薬局業務の適用可能性が拡大していくことが予想される。となれば、薬局業務は、オムニチャンネルとなる。薬局業務はもちろん対面という要素に依然として依存することになるが、オンライン環境も同時に使われるようになる。これからの薬局業務は、薬局の中だけではなく、患者の自宅、介護施設、病室、あるいは他の医療従事者の職場で実施されることも考えられるであろう。我々、薬剤師の職能は、これから迎える数年間で大きな変化を迎えるとみている。今を生きる薬剤師の皆さんには、来るべき薬局業務の変革に備えて、それを受け入れる準備を一刻も早くされることを心より祈るばかりである。

## 参考文献


1. Making it better through pharmacy in the community - A five year strategy for pharmacy in the community. Belfast, United Kingdom: Department of Health, Social Services and Public Safety; 2014. Available at: http://www.communitypharmacyni.co.uk/wp-content/uploads/2014/03/making_it_better_through_pharmacy_in_the_community-Strategy-2014.pdf. Latest access on 29 January 2018.
2. La pharmacie d'officine en France - Bilan et perspectives, Livre Blanc. Paris, France : Ordre national des Pharmaciens ; 2008 Jan. Available at : http://www.ordre.pharmacien.fr/content/download/4906/57542/version/2/file/Livre-blanc-La-pharmacie-officine-en-France-Bilan-et-perspectives.pdf. Latest access on 29 January 2018.
3. Kerndocument - Uitwerking van de Toekomstvisie - Farmaceutische Patiëntenzorg 2020. The Hague, the Netherlands: KNMP; 2014. Available at: https://www.knmp.nl/downloads/toekomstvisie-kerndocument-uitwerking-toekomstvisie-farmaceutische-patientenzorg-2020.pdf. Latest access on 29 January 2018.
4. European Community Pharmacy Blueprint for optimisation of health outcomes to individual patients and value for health systems across Europe. Brussels, Belgium: PGEU; 2012. Available at: http://www.pgeu.eu/en/component/attachments/attachments.html?id=325&task=download. Latest access on 29 January 2018.
5. The vision for Pharmacy - Optimal drug therapy outcomes for Canadians through patient-centred care. Ottawa, Canada: Canadian Pharmacists Association; 2008. Available at: https://www.pharmacists.ca/cpha-ca/assets/File/pharmacy-in-canada/blueprint/The%20Vision%20for%20%20Pharmacy_Apr%201%2009.pdf. Latest access on 29 January 2018.
6. 2017 changing face of pharmacy. Ottawa, Canadian Foundation for Pharmacy; 2017. Available at: https://cfpnet.ca/bank/document_en/118-2017-changing-face-of-pharmacy.pdf. Latest access on 29 January 2018.
7. Community Pharmacy - Forward view. London: PSNC and Pharmacy Voice; 2016. Available at: http://psnc.org.uk/wp-content/uploads/2016/08/CPFV-Aug-2016.pdf. Latest access on 29 January 2018.
8. Pharmacy Action Plan - 2016 to 2020. Wellington, Nez Zealand: Ministry of Health; 2016. Available at: https://www.health.govt.nz/system/files/documents/publications/pharmacy-action-plan-2016-to-2020.pdf. Latest access on 29 January 2018.
9. Now or never: Shaping pharmacy for the future. London; Royal Pharmaceutical Society; 2013. Available at: https://www.rpharms.com/Portals/0/RPS%20document%20library/Open%20access/Publications/Now%20or%20Never%20-%20Report.pdf. Latest access on 29 January 2018.
10. Prescription for Excellence - A Vision and Action Plan for the right pharmaceutical care through integrated partnerships and innovation. Edinburgh, United Kingdom: Scottish Government. Available at: http://www.gov.scot/resource/0043/00434053.pdf. Latest access on 29 January 2018.
11. The Pharmacy Solution - An Expanding Role for Pharmacies in Healthcare Delivery. Chicago, USA: Booz & Co; 2010. Available at: https://www.strategyand.pwc.com/media/file/The_Pharmacy_Solution.pdf. Latest access on 29 January 2018.
12. The pharmacy of the future: Hub of personalized health. Dallas, USA: PwC’s Health Research Institute; 2016. Available at: https://www.pwc.com/us/en/health-industries/health-research-institute/publications/pdf/pwc-hri-pharmacy-of-the-future-united-states.pdf. Latest access on 29 January 2018.
13. Pharmacy of the Future. New York, USA: McCann Health; 2017. Available at: http://www.mccannhealth.com/the-future-of-pharmacy/. Latest access on 29 January 2018.

ドイツの薬局の看板は目立つように配置されている。

南ドイツ・ベレヒテスガーデンのアントニウス薬局のチーム。薬剤師は 3 名でほとんどが女性のチーム。薬局ビジネスは女性の活躍著しい。

ヘルシンキ中心部にあるヘルシンキ大学の
大学薬局。この店舗が一号店である。

フィンランドでは、電子処方せんが一般的である。情
報はネットワーク上でやりとりされる。

タスマニアの薬局。調剤する薬剤師。白衣ではなく、おそろいのポロシャツで仕事するのがトレンドとのこと。

オーストラリアでは日本と同じように籠に医薬品をピックアップしている。Pharmacistとあるのは、薬剤師以外が患者に授与してはならないという意味。

# 索引

## い



## え



## お



## か



## き



## け



## こ



## さ



## し



## す



## せ

## 略語一覧

| | 略称 | 正式名称 |
|---|---|---|
| A | AACP | Australian Association of Consultant Pharmacy |
| | ACP | Australian College of Pharmacy |
| | ABPI | Association of the British Pharmaceutical Industry |
| | AIFA | Agenzia Italiana del Farmaco |
| | ASL | Azienda sanitaria locale |
| B | BNF | British National Formulary |
| C | CE | Continuing Education |
| | CF | Competency framework |
| | CFtP | Continuing fitness to practice |
| | CPA | Community Pharmacy agreement |
| | CPCF | Community Pharmacy Contractual Framework |
| | CPD | Continuing Professional Development |
| | CPPE | Centre for Pharmacy Postgraduate Education |
| | CUP | Centro Unico di Prenotatione |
| D | DH | Department of Health |
| E | EPS | Electronic Prescription Service |
| | eRD | electronic repeat dispensing |
| F | Fimea | National Agency for Medicines |
| G | GKV | Gesetzliche Krankenversicherung |
| | GP | General Practitioner |
| | GPhC | General Pharmaceutical Council |
| | GSL | General Sale List |
| H | HILA | Pharmaceuticals Pricing Board |
| K | Kela | Social Insurance Institute |
| | Kunta | Municipality |
| L | LAK | the State Chambers of Pharmacists |
| | LAV | State Pharmacists' Associations |
| | LEA | Livelli essenziali di assisteza |
| M | MHRA | Medicines and Healthcare products Regulatory Agency |
| N | NHS | National Health Service |
| | NICE | National Institute of Health and Care Excellence |
| | NRAS | National Registration and Accreditation Scheme |
| O | OSCEs | Objective Structured Clinical Examinations |
| P | P | Pharmacy |
| | PAL | Piano attuativo locale |
| | PBAC | Pharmaceutical Benefits Advisory Committee |
| | PBS | Pharmaceutical Benefits Scheme |
| | PGDs | Patient Group Directions |
| | PIL | Patient Information Leaflet |
| | PKA | Pharmazeutisch-Kaufmännische Angestellte |
| | PKV | Private Krankenversicherung |
| | RLV | Regelleistungsvolumen |
| | POM | Prescription Only Medicine |
| | PPRS | Pharmaceutical Price Regulation Scheme |
| | RPS | Royal Pharmaceutical Society |
| | RPSGB | Royal Pharmaceutical Society of Great Britain |
| | PSA | Pharmaceutical Society of Australia |
| | PSN | Piano sanitario nationale |
| | PSR | Piano sanitario regionale |
| | PTA | Pharmazeutisch-Technische Assistanten |
| S | SHPA | The Society of Hospital Pharmacists of Australia |
| | SOP | Senza Obbligato di Prescrizione |
| | SSN | Servizio Sanitario Nazionale |
| T | Terveyskeskukset | Primary Health Centre |

## 著者略歴

**荒川直子**（あらかわ　なおこ）イギリス担当
2002年　明治薬科大学卒業。横浜新緑総合病院薬剤部、また地域薬局にて薬剤師として従事。2010年より渡英。2011年ロンドン大学薬学部修士号（MSc Clinical Pharmacy, International Practice and Policy）取得後、2016年University College London (UCL) 薬学部にてPhD取得。英国王立薬剤師協会にてInternational Leadを務めたのち、2018年より英国ノッティンガム大学薬学部講師。

**岩崎英毅**（いわさき　ひでき）ドイツ担当
2000年 徳島文理大学付属高校卒業、2005年 神戸学院大学薬学部卒業、第一製薬株式会社（現 第一三共株式会社）を経て、2010年 家業である株式会社 阪神調剤薬局入社、取締役教育研修部長を経て、2011年から取締役事業運営本部長。この間、ドイツの薬学に魅了され、複数回ドイツに渡航し、国内各地の薬局を訪問。株式会社 ことぶきビジネスサポート 代表取締役社長、株式会社 エクスファルマ 代表取締役社長を兼任。

**城戸真由美**（きど　まゆみ）ドイツ担当
長崎生まれ。長崎大学薬学部卒業。薬剤師。病院薬剤部、調剤薬局、ドラックストアに従事しつつ、2000年よりネオフィスト研究所に所属。薬剤師・薬学生にかかわる研修、通信講座作成、執筆に従事。主任研究員。2003年よりドイツ薬学視察旅行を年1，2回催行。

**石井雅代**（いしい　まさよ）　フランス担当
2005年　帝京大学薬学部卒業。東京大学医学部付属病院薬剤部研修生修了。東京医科歯科大学歯学部付属病院薬剤部に勤務後、2009年より株式会社メディックス・薬局オリーブファーマシーに保険薬剤師として勤務するかたわら、2014年からはオリーブ健康館にて漢方・栄養相談・エステによる総合的な健康・美容相談業務に従事している。

**堀川壽代**（ほりかわ　ひさよ）オーストラリア担当
合名会社　光栄堂薬局　代表社員兼管理薬剤師。1999年　城西大学薬学部薬学科卒業。父が営む薬局へ就職、2018年父から代表社員を継承。2006年より現関東信越厚生局　神奈川事務所　指導薬剤師、2014年より横浜薬科大学　非常勤講師を兼務。（一社）金沢区三師会　監事。（一社）横浜市薬剤師会　理事。神奈川県薬剤師会の主催する海外調査の幹事を務めており、海外事情通のひとりとして知られている。

**飯島裕也**（いいじま　ひろや）　イタリア担当
2006年　東北薬科大学卒業　上田薬剤師会研修部委員長　イイジマ薬局代表取締役、信州医療センター看護学校講師「公衆衛生学」 上田医師会看護学校講師「薬理学」 上田高等学校学校薬剤師、オーストラリアに語学留学した経験を活かし、豪日間の薬剤師交流に尽力。

**小林大高**（こばやし　だいすけ）　イタリア　フィンランド　翻訳監修担当
1993年　東京薬科大学卒業、1998年東京学芸大学大学院教育学研究科修士課程修了、2012年電気通信大学大学院博士後期課程修了（博士（工学））、新潟薬科大学健康推進連携センター前教授、東邦大学薬学部非常勤講師「文章表現論」、現在、東京理科大学理学第二部数学科在学中。FIP（国際薬剤師・薬学連合）では、倫理・プロフェッショナリズムWGに抜擢され、FIP薬剤師倫理宣言の策定に関与。

**Luc Besancon**
2004年　ブルゴーニュ大学（フランス）修了、薬学博士、パリ・ソルボンヌ大学広報学修士修了、フランス薬剤師会の国際担当を経て、FIP（国際薬剤師・薬学連合）に入職、2013年からは事務総長としてFIPを支えてきたが、2017年に独立し、現在は、Pharmacy and Consultingというコンサルタント会社を立ち上げ、世界の薬学事情の情報発信につとめている。

# 海外の薬事制度にまなぶ
## 時代に寄り添う薬剤師の未来に向けて

2018年8月21日　第1刷発行

編　者　小林大高
著　者　荒川直子　岩崎英毅　城戸真由美　石井雅代　堀川壽代　飯島裕也　小林大高　Luc Besancon
発行者　藤田貴也
発行所　株式会社医薬経済社
〒103-0023
東京都中央区日本橋本町4-8-15ネオカワイビル8階
電話番号　03-5204-9070
URLhttps://www.risfax.co.jp

装　丁　佐々木秀明
印　刷　モリモト印刷株式会社


ISBN コード：978-4-902968-62-0